DIALOGUES

ENTRE

LES PHILOSOPHES

MODERNES.

Par M. l'Abbé LIGER, Licentié ès-Loix.

Pestilentibus & infidelantibus eorum scriptis malevolis & maniacis scriptis protendamus, quibus rabies qui ferents, aut etiam ipsi ferentur, aut à laudendis aliis repellantur. S. Aug. t. 10. p. 482.

TOME III.

A GENEVE,

Chez les Freres CRAMER, Libraires.

M. DCC. LXXVIII.

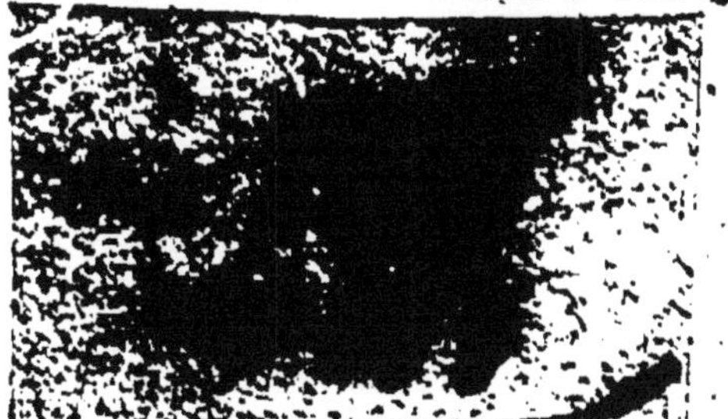

AVERTISSEMENT.

LEs difficultés que les Philofophes
modernes oppofent à la Religion & au
Gouvernement, n'ont d'embarraffant que
leur obfcurité. Réduites à leur valeur,
elles ne préfentent rien que de foible
& de commun. Nos livres faints étant
le code du genre humain, doivent par
la foule de queftions qu'ils renferment,
donner matiere aux pointilleries d'un efprit borné, foible, & chicaneur. Etudier
le Chriftianifme, avec un deffein formé
de le combattre ; porter dans la difpu-
te, un ton de raillerie & d'impiété qui
ne refpecte ni la décence ni la vérité ;
étonner par des déclamations vagues &
bruyantes ; adreffer à des hommes livrés
au vice, les fantaifies & les fonges creux
d'une imagination exaltée, & d'un cœur
corrompu ; c'eft le moyen de faire de
gros livres, & d'avoir un grand nombre
de lecteurs, fans être obligé de fe mettre en frais de beaucoup de raifon, de
fcience & d'efprit. La lecture de mes
Dialogues, qui n'offrent qu'une expofition
fimple & fidele des fyftêmes philofophi-

ques , fi elle n'a rien rabattu de la fierté
des Philofophes, a dû faire repentir le
lecteur judicieux de l'encens dont il avoit
fumigé leurs talents , en diminuant confi-
dérablement la haute opinion qu'il en
avoit conçue. Il doit au contraire aug-
menter d'eſtime & d'attachement à notre
faínte Religion, en propottion du mépris qu'il ne manquera pas d'avoir pour
les vaines & criminelles tentatives de
ceux qui lui infultent. Il me femble
prefque inutile de réfuter ces docteurs
du menfonge. Ne fe réfutent-ils pas
affez eux-mêmes ? Eſt-il un dogme du
Chriſtianiſme qui ne foit établi dans ces
fyſtêmes ténébreux imaginés pour le détruire ? Ne peut-on pas dire d'eux, ce
que Lactance difoit des Philofophes incrédules de fon temps, dont les nôtres
ne font que les arriere - petits neveux &
difciples : « Il n'y a prefque aucune vérité dans la Religion, qui n'ait été en-
feignée par quelque fecte de Philofophes,
nam particulatìm veritas ab his tota com-
prehenfa eſt; mais nulle fecte ne les a
enfeignées toutes enfemble. Nulle ne les
a enfeignées pures & fans mélange. Les
Philofophes fe contredifent & fe combattent l'un l'autre. *Totam veritatem &*
omne Religionis arcanum Philofophi atti-

gerunt. Sed aliis refellentibus , deffendere id quod invenerant, nequiverunt , quia singulis ratio non quadravit. l. 7. De divino præmio. c. 7. Je ne me proposois d'abord que de faire tomber leur masque qui en impose plus que leur figure. J'estimois que de mettre au jour leurs inconséquences , leurs absurdités , leurs blasphêmes, c'étoit les mettre hors de combat, & leur ôter le moyen de nuire. Mais le plus grand nombre en a jugé autrement. On m'a demandé des réponses plus précises à plusieurs difficultés qui sont trop négligées dans l'ouvrage. On a craint qu'elles ne devinssent un piége pour des hommes bornés , & l'on m'a fait un devoir de les en prémunir par quelque solution courte & satisfaisante. Quoique le public ait en main la vigoureuse défense de la Religion dans les anciennes apologies des PP. & dans les ouvrages récens de Bossuet, de M. l'Abbé Houtteville, de l'Abbé François, d'Abbadie, de Grotius, de Bonnet, & de plusieurs autres si capables de servir de préservatif contre le poison de l'incrédulité ; l'avis de personnes recommandables , le motif qu'ils emploient m'ont enfin déterminé à donner dans un volume séparé, une réfutation des erreurs répandues dans les quatre parties

de mes Dialogues. J'ai profité des lumieres des Sçavants qui ont déjà traité
ces matieres. Je n'ai point multiplié les
preuves: les railleries de mes adverſaires,
je les ai laiſſées pour ce qu'elles ſont, & je
ne me ſuis attaché qu'aux arguments. Ainſi
malgré tout l'avantage de l'aggreſſeur ſur
celui qui ne fait que ſe défendre, puiſque
dans une objection d'une ligne, il le
met quelquefois dans la néceſſité d'écrire
pluſieurs pages, je m'imagine que ſi je
ſuis auſſi ennuyeux que nos Philoſobes
modernes, je ne le ſerai pas plus qu'eux.

SUITE
DES DIALOGUES
ENTRE
LES PHILOSOPHES
MODERNES.

Accortino. D'où te vient mon ami, cet air sombre & mélancolique ?

Pazzoni. Je suis dans le doute & la perplexité. Je n'ai plus de moi-même que des sentiments vils & abjects. Je ne sais ni d'où je viens, ni où je vas, ni ce que je suis, ni ce que je dois faire. J'ignore ce que j'ai à craindre où à espérer. Il ne me reste aucun motif à la vertu. Le vuide affreux qui m'environne, ne differe pas des horreurs du néant.

Accort. Cette cruelle situation de ton cœur, est une suite naturelle des erreurs de ton esprit. En adoptant les

A 4

fyftêmes de la Philofophie moderne, tu as imprudemment renoncé aux confolations folides de ton ancienne croyance, tu as prefque ceffé d'être homme, en ceffant d'être Chrétien.

PAZZ. » Le fage doit calculer fes » maux & fes plaifirs, & fe décider en » conféquence. Il ne doit plus rien à » la fociété, quand il n'en exige plus » rien. » (*a*) Voilà toute la reffource que me fournit la nouvelle Philofophie.

ACCORT. Quelle reffource que celle d'un barbare défefpoir ? Te dédommage-t-elle du moins à la mort ?

PAZZ. » Il y a de l'orgueil à exifter » toujours. Nous voyons dans ces come-» tes excentriques qui viennent étonner » nos regards, que les planettes elles-» mêmes font fujettes à la mort. » (*b*) Voilà toutesles confolations qu'elle nous donne à la mort.

ACCORT. L'homme n'eft pas une planette.

PAZZ. On le compare » à une harpe » fenfible qui rend des fons d'elle-mê-» me, qui fe pince elle-même, & qui eft » pincée par ce qui la touche. » *ibid.*

(*a*) Syft. de la Nat.
(*b*) Ibid.

ACCORT. Il peut y avoir des *harpes* qui rendent des *sons*, & qui se font *pincer*, mais toutes ces belles comparaisons ne vont point au cœur.

PAZZ. On nous exhorte » à adoucir » les regrets de la vie en jettant des » fleurs sur nos derniers pas, & à sor- » tir de ce monde comme d'un spectacle » enchanteur. » *ibid.*

ACCORT. Toutes ses exhortations fleuries n'enchantent gueres. Il faut à une ame qui a l'idée & le desir de l'immortalité, autre chose que des mots pompeux, sonores & vagues.

PAZZ. Je le sens bien, mais je ne puis me dévouer au ridicule que l'on attache aujourd'hui aux partisants du Chris- tianisme. Si tu entendois l'auteur de *l'Homme & de l'Éducation* : » O vénéra- » bles Théologiens, s'écrie-t-il d'un ton » ironique auquel on ne peut tenir, ô » brutes! ô mes freres! ô poupée Théo- » logienne !

ACCORT. Il est difficile d'y tenir, & même de répéter des mots qui écorchent la bouche d'un *homme* qui a de *l'éducation.*

PAZZ. Que diras-tu de l'Encyclopé- die qui honore tant la Nation ?

ACCORT. L'Encyclopédie ? Cet en- chaînement général des Sciences & des

Arts, où l'on traite de la Religion, des Sciences & des Arts, très-souvent sans les connoître ; où l'on copie les Auteurs sans les nommer, où un article détruit l'autre, où les matieres sont aussi *décousues* que les pensées de Diderot ; où on lit à la même page, & presque sur la même colonne, *Caille & Cayenne, Carlovingiens & Carmes, Coutances & Couteau, Dépuration & Députation, Dictature & Dictionnaire*, &c. *Tantùm series juncturaque pollet !*

PAZZ. C'est un ouvrage immortel.

ACCORT. A en croire les Encyclopédistes qui se passent l'encensoir de main en main. Bacon & Chambers avoient donné un plan d'Encyclopédie qui en a fait naître le projet dans la tête de nos Philosophes, dont tout le talent est d'orner, & le plus souvent de défigurer les idées d'autrui.

PAZZ. Nos Philosophes ne défigurent rien, &ornent tout. S'il nous reste du goût, de l'éloquence, du génie, c'est à eux que nous en sommes redevables, & c'est dans leurs ouvrages qu'il se fait remarquer.

ACCORT. Erreur, faux préjugé, qui s'il étoit général annonceroit dans nous autant de travers d'esprit, que d'ignorance des vrais principes.

PATZ. Pourquoi contredire le fentiment univerfel ? Eft-il un homme de
lettres qui n'admire la vafte érudition,
& la force du raifonnement dans Bayle ?
L'étendue des connoiffances, & l'élévation du génie dans Voltaire ? L'honnê-
teté & le coloris du ftyle dans Helvetius ?
La plume fublime de Rouffeau ? Dalembert & Diderot ne font-ils pas des mo-
deles d'éloquence. leurs productions des
chefs-d'œuvres de l'art, & leurs *penfées*
mêmes l'honneur de la Philofophie ?

ACCORT. Je te fçais quelque gré de
ne pas inférer dans ta lifte des hommes
illuftres, les autres partifans de la même
fecte, qui n'ont pas encore mérité un
rang parmi les écrivains les plus communs. Tu accordes déjà trop aux héros
que tu préconifes. L'enthoufiafme a plus
de part à tes éloges que la vérité. Tous
les lecteurs qui ont apprécié Bayle, n'ont
vu dans ce critique fi important, qu'un
infatigable compilateur, & un mauvais
fophifte.

Voltaire pour avoir prétendu à l'univerfalité des talents, n'en a perfectionné
aucun. Pour avoir voulu tout fçavoir,
il n'a rien approfondi. Tyran de la lit-
térature & des littérateurs, il a entrepris de déprimer ceux auxquels il défef-

péroit d'atteindre. Hiftorien déteftable, critique, partial, aveugle, injufte ; Philofophe ufurpateur de ce nom, Voltaire a féduit des efprits vulgaires, & fait pitié aux fages, dignes peut-être des honneurs que lui ont déféré les Académiciens, les Comédiens & les Francs-Maçons, il n'a jamais mérité les regards d'un fiécle honnête & éclairé. Ses Pieces fugitives, fes Calembourgs, font le feul genre où il ait parfaitement réuffi. Ses Tragédies, quoique défectueufes, pourront encore lui furvivre quelque temps ; mais fes autres productions s'éteindront avec le fiécle préfent, & la poftérité qui le jugera de fens froid, le confidérera comme un homme qui avoit beaucoup d'efprit, & qui en a très-mal ufé.

Je n'ai garde de confondre Jean-Jacques Rouffeau avec le fretinphilofophifte. Cet homme fingulier met plus de génie dans une page, que tous fes confreres en incrédulité, n'en mettroient dans un livre. Ses penfées ne font jamais communes, & font fouvent fublimes. Il leur donne, par un ftyle inimitable, de la grace & de la nobleffe. Ce font des étincelles qui vous éblouiffent, un torrent qui vous entraîne. On fent l'illufion, & l'on en eft flatté. Ce n'eft qu'en ceffant de le lire, que l'on commence à en bien juger. Mais ſi l'Orateur diſparoît, à quoi ſe réduira le Philoſophe ? Un conflict éternel d'opinions ; un eſprit qui flaire tous les principes, & qui ne s'arrête à aucun ; une inconſéquence qui combat ici ce qu'elle avoit établi ailleurs ; un penchant pour la ſingularité qui ne rougit point de l'erreur. L'ignorance de l'hiſtoire , ou le mépris du public à qui l'on en impoſe ſur des faits graves ; ces grands défauts, en laiſſant admirer des écrits où l'eſprit eſt prodigué, expoſeront à la plus juſte cenſure, la mauvaiſe foi, la vanité & les ſophiſmes de l'Ecrivain.

Helvetius étoit un très-honnête homme, qui, ſéduit par la ſecte, s'y attacha quelque temps, & rompit avec elle dès qu'il eut apperçu des menées contraires aux principes d'honneur dont il faiſoit profeſſion. Son livre de l'*Eſprit* eſt la tache de ſa vie. On ne conçoit pas comment un homme qui avoit une portion d'intelligence, a pu faire un ouvrage d'un tiſſu de belles phraſes , ſans liaiſon, ſans objet, ſans raiſonnement ; comment avec un fond de probité, il a pu enſeigner une morale dépravée qu'on ne toléreroit pas dans un ſauvage. Au reſte il a déclaré profeſſer *le Chriſtianiſme, non - ſeulemens dans toute la rigueur de sa morale , mais encore dans toute la rigueur de ses dogmes, & se faire gloire de lui soumettre toutes les facultés de son être.*

Dalembert est un Mathématicien qui a fait une belle préface.

Diderot est un faux enthousiaste qui se pâme devant des absurdités qu'i feint de comprendre, & qui réussit à donner du galimathias que l'on ne comprendra jamais. Que nous importe au reste le mérite littéraire de quelques auteurs ? Il s'agit de Religion. L'a-t-on attaquée avec succès ? Est-il vrai qu'elle ne doive ses conquêtes qu'à l'ignorance de nos ayeux ? Ses dogmes sont-ils absurdes & contradictoires ? Ses faits controuvés par l'imposture , & réalisés par une sotte crédulité ? Sa morale est-elle fausse & pernicieuse ? Les Philosophes modernes, qui lui reprochent ses défauts, l'en ont-ils convaincu ?

PAZZ. Je n'en doute pas, leurs difficultés sont insolubles.

ACCORT. Il y a dans tous les systêmes des difficultés impénétrables à l'esprit humain. Combien en oppose-t-on à des vérités mathématiques que les savants ne sauroient résoudre ? Cesse-t-on pour cela de les croire certaines & invaria-

bles ? On juge d'un syſtême par ſon enſemble, & non par quelques obſcurités
qui ſont moins dans lui que dans nous.

PAZZ. Tout eſt obſcurité dans la Religion.

ACC. Comment donc a-t-elle été re-
çue par toute la terre ? Eſt-on porté à
croire ce que l'on ne conçoit pas, ſi l'on
a d'ailleurs des raiſons qui perſuadent ?
Plus le dogme eſt obſcur, plus le motif
qui m'y attache doit être évident & pal-
pable. Les incrédules n'ont point con-
teſté de vérités chrétiennes, ſans tomber dans les plus groſſieres abſurdités.
Or, en quelque matiere que ce ſoit, une
hypotheſe eſt d'autant plus probable qu'elle explique plus heureuſement un plus
grand nombre de faits. Revenons donc
ſur les queſtions qui ont été agitées dans
les entretiens. Suivons-les article par
article, oppoſons les réponſes aux difficultés, les raiſons aux raiſons, les témoignages aux témoignages, le ſyſtême
chrétien aux ſyſtêmes philoſophiques, &
attachons-nous ſans retour à celui qui
nous paroîtra le plus cenſé.

Je commence par conteſter à tes
Maîtres, le titre de Philoſophe dont ils
ſe parent ; & pour montrer le ridicule
de leur prétention, je ne veux que ré-

péter ce que dit l'un d'entr'eux. » Pour
» être Philofophe il faut aimer la fageffe ;
» mais pour aimer la fageffe, il faut en
» connoître le prix. Des hommes livrés
» au vice peuvent-ils être regardés com-
» me les amis de la fageffe ? Des mor-
» tels emportés par le torrent de leurs
» paffions, de la diffipation, des plai-
» firs, font-ils bien en état de chercher
» la vérité, de méditer la nature humai-
» ne, de découvrir le fyftême des mœurs,
» de creufer les fondements de la vie
» fociale ? Non, le déréglement ne fera
» jamais la fuite de la vraie Philofophie :
» les égarements du cœur & de l'efprit
» ne pafferont jamais pour de la fageffe :
» le Philofophe prouve par fa conduite
» la bonté de fes préceptes. » (c)

.Puifque les Philofophes modernes enfeignent le contraire de ce qu'ils penfent ; puifque le vice & le brigandage
font les fruits de leurs enfeignements ;
puifqu'ils ne tiennent leur titre que d'eux-
mêmes, j'en conclus qu'ils ne font point
Philofophes, ou que dorénavant l'homme
fage rougira de l'être. Renverfer les plus
faines notions, & en fubftituer de révol-
tantes ; fouler aux pieds fes femblables,

____

(c) Effais fur les préjugés, &c.

en réclamant l'humanité ; attiſer la divi-
ſion & la diſcorde dans le ſein de ſa
patrie ; ſe donner pour des aigles , exiger des ſtatues , s'aſſurer l'immortalité ,
ſans avoir rien produit que de nuiſible ,
blaſphêmer contre la Divinité , inſulter
à la Religion , aux Rois , à la Nation ;
ſont - ce-là les fruits de la ſageſſe ? A ces
traits , reconnoîtra-t-on le Philoſophe ?

Qu'eſt-ce que cette eſpece de Philo- *Pyrrhoniſme*
ſophie , qui réduit les connoiſſances humaines au doute univerſel ? Parce que
nous ſommes ſuſceptibles de notions
fauſſes , s'enſuit-il que nous n'ayons pas
le ſentiment d'un grand nombre de vérités particulieres , dont nous avons autant
de certitude , que de notre exiſtence ? Diſ-
putons à l'infini , nous en reviendrons
toujours à admettre comme évidents les
premiers principes généralement reconnus : *Il n'y a point d'effet ſans cauſe : une
ligne parfaitement circulaire n'a aucunes
parties droites : le centre d'un cercle parfait
eſt également éloigné de tous les points de
la circonférence : entre deux points donnés
la ligne droite eſt la plus courte*, ſont des
vérités qu'il eſt impoſſible de ne pas
croire. Quoique la conviction d'aucune
propoſition quelqu'évidente qu'on la ſup-
poſe , ne puiſſe être mathématiquement

la même dans deux hommes , il feroit cependant abfurde de prétendre qu'il n'y a point de notions communes , point d'évidence capable de fixer les efprits , point de vérités fixes & inaltérables , point de principes ftables qui fervent de bafe au jugement de tous les êtres de notre efpece. La diverfité des jugements des hommes fur un même fujet , ne prouve rien contre fa réalité. Ces propofitions : *les diametres font égaux dans un cercle parfait : nous ne devons point faire à autrui, ce que nous ne voulons pas qu'on nous fafe* , ne peuvent raifonnablement être conteftées. Les premieres vérités de toutes les fciences font indémontrables , parce qu'elles conftituent la bafe de toute démonftration. Pour être reconnues , elles n'ont befoin que d'être préfentées. Leur fimple vue perfuade néceffairement. Un efprit raifonnable ne peut réfifter, parce que leur certitude eft fondée fur le fentiment. Tout doute eft accompagné de ténebres. L'éclat des premiers principes , frappe par fa propre lumiere. Jamais Pyrrhonien ne fut fidele aux fiens. Il fe conduifit toujours fuivant les regles de l'art qu'il exerça, & dans fes affaires il agit avec la prudence qu'il devoit rejetter comme un vain nom. Comment réuſſiroit-il par des argumens frivoles, & une ſpéculation abſtraite, à répandre des nuages ſur les vérités de la Religion, plus certaines en elles-mêmes que toutes les autres ? » Le » doute, dit Rouſſeau, ſur des choſes » qu'il nous importe de connoître, eſt » un état trop violent pour l'eſprit hu- » main. Il n'y reſiſte pas long-temps. » Il ſe décide malgré lui de maniere ou » d'autre, & il aime mieux ſe tromper » que de ne rien croire. »

METAPHYSIQUE.

Métaphyſi-
que.

Le Philoſophe penſe-t-il donner de la conſidération à ſes paradoxes, en jettant le ridicule ſur les ſciences qui traitent des objets de ſa folle incrédulité ? La Métaphyſique généraliſe nos idées, & voit en grand. Comment peut-on la taxer de *futilité*, parce qu'elle diſſerte ſur l'exiſtence de Dieu, la nature de l'ame, & ſur la liberté ; tandis que l'on admire Newton, Locke, M. l'Abbé Yvon pour avoir en qualité de Métaphyſiciens *approfondi* ces grands ſujets ? On auroit pu en citer un grand nombre d'autres qui n'ont pas moins excellé dans cette ſcience. Mais ſans nous arrêter à de vaines diſputes ſur la prééminence de mérite dans des auteurs qui tous en ont eu beaucoup, je me borne à prouver aux Philoſophes de nos jours qu'ils n'accuſent la Métaphyſique, que par dépit de n'avoir pu la pénétrer, & que ſes notions ſont bien ſupérieures au délire de leurs aſſertions auſſi obſcures & plus riſibles que l'Enteléchie d'Ariſtote. Il faudroit, à leur avis, pour être Philoſophe, n'accorder l'exiſtence qu'à la matiere & au mouvement, ne reconnoître ni ordre ni deſſein dans l'univers, anéantir les eſpérances de la vertu & les remords du crime, réduire toutes les facultés de notre ame à des attractions, & à des répulſions, enfin tout ſoumettre à une nature aveugle, à la néceſſité, au hazard. Je ne veux point faire des volumes pour réfuter de vaines déclamations qui parcourent rapidement une infinité d'objets, ſans en éclaircir aucun ; je veux faire enſorte de me reſſerrer & néanmoins d'en dire aſſez à un eſprit intelligent, & à un cœur droit.

Exiſtence de Dieu. Fénelon, Mallebranche, Deſcartes, l'Abbé de Lignac, Bouiller, Newton, Clarke, Bacon, Scahtesbury, Wolf, Locke, Holland, Bonnet ont ſi bien établi l'existence de Dieu, qu'il n'est pas possible de rien ajouter à la force & à l'évidence de leurs démonstrations. Ils n'ont pu épuiser un sujet qui est infini par sa nature. Il reste encore des difficultés & des mysteres. Il est même nécessaire qu'il y en ait. Mais ils sont partis de principes certains. Ils nous ont transmis des idées claires. Ils ont habilement discuté ce qu'il nous est important de savoir, & ce qu'il seroit insensé de révoquer en doute.

La croyance d'un Dieu est antérieure aux Prêtres. On voit dans les annales des Nations, qu'elle a été admise dans tous les temps, & par tous les peuples. L'idée de la Divinité, loin de réveiller des *idées affligeantes*, (*d*) ne leur en donnoit que d'agréables. Ils honoroient les Dieux comme des génies bienfaisants, attentifs à leur procurer de bons succès, & à les préserver de fâcheux accidents. C'étoit de leurs Législateurs & de leurs Conquérans, que les Égyptiens, les Grecs & les Romains avoient fait l'apothéose en reconnoissance de leurs bienfaits. Ils célébroient leurs fêtes avec de grandes démonstrations de

____

(*d*) Systême de la nat. 2. p. c. 2.

joie. Les transports auxquels ils se li-
vroient, marquoient une vive confiance
dont le sentiment étoit incompatible avec
les idées noires d'une terreur panique.
Pétrone (e) est le seul à contester un
fait consigné dans tous les anciens monuments. Nos prétendus Philosophes qui
saisissent sans examen, ce qui paroît fa-
voriser leur incrédulité, se fondent sur
ce mot d'un Poëte, pour attribuer à l'invention des Ministres de la Religion,
le vrai Dieu qu'elle fait adorer. Ils défigurent ces attributs aimables, en le
représentant comme un tyran qui se joue
cruellement de la race humaine, & qui
trouve son bonheur dans le tourment de
ses créatures. Si la bonne foi guidoit leur
plume, ils conviendroient que les Dieux
des Nations, étoient des monstres de
cruauté & d'infamie ; & que la bonté,
la douceur & la miséricorde caractérisent
particuliérement le Dieu de Jacob. S'ils
étoient Philosophes ils concevroient que
le vrai Dieu doit être terrible aux méchants qui le bravent ; & qu'il seroit
moins nuisible au genre humain d'être
sans Dieu, que d'en honorer un qui accorderoit ses faveurs au scélérat comme
à l'homme juste.

____

(e) Primus in orbe Deos fecit timor.

Quel Dieu mettent-ils à la place du nôtre dont ils combattent l'exiſtence?

La nature, une ſubſtance unique diverſe-ment modifiée, l'univers enfin qu'ils ſuppoſent éternel. Il faut l'avoir vu pour croire que des eſprits qui placés dans les nues, regardent en pitié les conceptions tri-viales du reſte des mortels , ayent pu adopter les inepties & les dernieres ex-travagances de l'imagination humaine.

Ces mots *machine infinie , nature, ſubſtance unique diverſemen: modifiée , uni-vers* ſont des mots vagues & généraux qui ne repréſentent qu'un grand nombre de divers êtres. Ce ne ſont point des êtres réels , mais l'aſſemblage d'êtres particuliers. Ce ſont donc ces êtres par-ticuliers que je dois conſidérer , ſi je veux raiſonner pertinemment ſur une notion générale, qui conſiſte à me les repréſenter tous. En attribuant la Divi-nité à cette notion générale , on doit lui donner pour aſſeſſeurs les êtres qui en compoſent l'eſſence, & ſans leſquels elle ne ſeroit rien. Les ſubſtances rai-ſonnables & privées de connoiſſance; les divers éléments , les aſtres, les plan-tes ne ſont que des modifications de cette idole unique, variée à l'infini, & d'une ſtructure la plus bifarre que l'on puisse s'imaginer. Les auteurs de cette monstrueuse Divinité admettent une identité réelle entre ces parties qui font un tout , réellement un & indivisible ; ou ils n'en admettent pas. S'il y a identité , les parties ne font plus parties, l'une est réellement l'autre , & toutes rentrent dans la masse commune dont elles font un seul tout ; si l'on n'admet pas cette identité réciproque de tous les êtres de l'univers , chacun de ces êtres aura une existence indépendante des autres. Dans le cas d'identité , Dieu sera une collection de parties défectueuses , bornées, changeantes, sujettes à une infinité de modifications successives. Il réunira une infinité de qualités contradictoires. Il sera raisonnable & insensé, vertueux & scélérat, savant & idiot. Dans l'hypothese d'une existence indépendante des êtres, chacun d'eux sera Dieu, & il y aura autant de Dieux qu'il y a d'êtres ou de substances particulieres. Mais quels Dieux chimériques on substitue au véritable ?

Il n'est aucun de ces êtres dont l'essence soit d'exister. Ils ne font donc pas essentiellement tout ce qu'ils sont. Dans un être dont l'essence est d'exister, tout ce qui le fait être comme il est , ne peut ni cesser d'être, ni être autrement ; car

ce

ce qui le fait être comme il eſt, eſt ſon eſſence elle-même, & cette eſſence étant d'exiſter, ce qui le fait être comme il eſt, ne peut ni ceſſer d'être, ni être autrement. Il exiſte avec certains attributs ; ſes attributs conſtituent ſa nature, ils ne peuvent donc changer, puiſqu'ils ſont cet être lui-même. Tous les êtres qui tombent ſous mes ſens, ſont au contraire dans un changement continuel ; or des êtres qui changent continuellement, ne ſont pas des êtres néceſſaires, puiſqu'ils n'ont rien en eux-mêmes qui les détermine à exiſter d'une maniere plutôt que d'une autre. Leur eſſence n'eſt donc pas d'exiſter. S'ils avoient une exiſtence néceſſaire, leur maniere d'être ſeroit telle, qu'il ſeroit impoſſible qu'elle ne fût point, ou qu'elle pût ceſſer d'être. Si donc il n'eſt aucun corps dont la figure ne puiſſe changer, & ne change en effet d'une maniere plus ou moins ſenſible ; ſi je ne découvre rien en moi & hors de moi, qui ne porte les caracteres de la contingence, du changement & de l'inſtabilité, je dois convenir que je n'exiſte point néceſſairement, parce que tout être dont la maniere d'exiſter peut changer & change en effet, ne peut poſſéder une exiſtence néceſſaire ; je dois reconnoître hors de moi, & hors des autres êtres, une raifon de notre exiftence commune. Comment en effet attribuer une exiftence néceffaire à des êtres qui, foit qu'on les confidere féparément ou collectivement, font des êtres compo-fés, & à l'égard defquels la poffibilité de leur décompofition, renferme la pof-fibilité de leur non exiftence ?

· Le plan de cet univers, exifte entre une infinité d'autres poffibles. Il n'eft donc point l'effet de la néceffité, avec laquelle on ne peut admettre d'autres poffibles que ce qui exifte actuellement. Suppofer l'uni-vers éternel, ou exiftant néceffairement tel que nous le voyons, c'eft prétendre que dans notre fyftême folaire, par exem-ple, il eft impoffible non feulement qu'il fe trouve une planete de plus ou de moins, mais que les diametres de ces planetes, leurs diftances du foleil, les temps de leurs révolutions foient diffé-rens de ce qu'ils font en effet. Or à qui perfuadera-t-on qu'une planete placée autrement, rendroit l'univers inconce-vable & inintelligible ?

PAZZ. Tout l'univers eft une chaîne immenfe de caufes & d'effets, qui fans ceffe découlent les uns des autres.

ACCORT. À quoi tient cette chaîne ?

Un enchaînement infini d'effets , seroit une chaîne suspendue sans aucun point de suspension.

PAZZ. Tout effet a sa raison suffisante dans sa cause ; cette cause est l'effet d'une autre , & ainsi de suite jusqu'à l'infini.

ACCORT. C'est-à-dire , qu'il y a une série infinie d'effets sans cause , & que la raison suffisante de ces effets ne se trouve nulle part. Hé qu'est-ce qu'une série infinie ? sinon un nombre de termes le plus grand possible : or il répugne qu'il y ait un nombre quelconque auquel on ne puisse ajouter , ou duquel on ne puisse retrancher une seule unité. Dans une progression ou une suite d'êtres successifs , il doit toujours y avoir un premier terme ; ou il faut supposer un assemblage d'êtres sans cause ni intérieure , ni extérieure de leur existence; des êtres qui considerés séparément auroient une cause , & qui considerés conjointement n'en auroient point. Puis donc qu'une progression infinie est absurde , on doit reconnoître un être éternel qui existe en vertu d'une nécessité inhérente à sa nature. Puisque quelque chose existe aujourd'hui , il est clair que quelque chose a toujours existé. On ne peut concevoir que les chofes qui exiftent aujourd'hui , foient forties du néant , ou n'ayent aucune caufe de leur exiftence.

J'entends par le mot *Dieu* , une fubftance infinie , éternelle , immuable , qui peut tout , & qui a produit tout ce qui exifte. Aucun être fini n'a pu me fournir cette idée , & je ne l'ai pas non plus puifée dans moi-même , puifqu'elle renferme des réalités que je ne poffede point. Elle fuppofe donc hors de moi , un être qui en eft la caufe , & il eft certain que dans chaque caufe , il doit y avoir au moins autant que dans fon effet. C'eft ainfi que raifonne Defcartes , que l'Auteur du Syftême de la Nature , d'après Vœtius , accufe d'athéifme.

PAZZ. C'eft faute de connoître les forces de la nature , que l'on multiplie les êtres fans néceffité.

ACCORT. C'eft aux Spinofiftes à fe faire ce reproche. Multiplions-nous les êtres fans néceffité , lorfque nous attribuons à l'Architecte un chef-d'œuvre d'Architecture ; le mouvement à un premier moteur ? L'univers comme plan quelconque, préfuppofe un pouvoir libre , comme plan fage , il en fuppofe un intelligent. En voyant de l'ordre , de la fymmétrie , une fubordination entre les créa-

tures , nous les attribuons à un agent
libre & intelligent , qui a ordonné les
caufes pour les effets & les moyens pour
les fins. Tout ce que la nature exprime
d'art & de fageſſe dans ſes oüvrages ,
nous le mettons ſur le compte de ſon
auteur. L'oreille n'eſt pas moins faite pour
recueillir les ſons , & l'œil pour démêler
& raſſembler les couleurs , que le rouage
d'une montre pour régler la marche de
l'éguille. L'arrangement & les mouvements des corps céleſtes , la ſtructure de
mon corps , la liaiſon de ſes parties ,
ſes proportions avec l'air qui l'environne,
la lumiere qui l'éclaire , les ſons qui le
frappent , les couleurs qui le récréent ,
l'organiſation merveilleuſe des animaux,
les rapports infiniment variés , & les deſ-
ſeins manifeſtes qui éclatent dans toutes
les parties de l'univers , démontrent une
cauſe intelligente , bien différente de la
nature par laquelle nous entendons l'aſſemblage des matieres , de leurs combinaiſons & mouvements, qui n'offrent aucune idée d'induſtrie , à moins que l'on
ne diſe que les chênes & les rocailles
ſont induſtrieux.

Nous admirons le Faune de Vaucan-
ſon , qui , par des reſſorts innombrables,
exécute différens airs. Un Artiſte nous

paroît d'autant plus intelligent , qu'il a
fçu faire une machine qui se conserve ,
& qui se meut plus long-temps par les
seules forces de sa méchanique ; comment refuserions-nous à l'ouvrage du
suprême Artiste , une prérogative qui
se fait appercevoir dans la structure du
papillon comme dans celle de l'homme ?
Plus il y a dans un tout de parties ,
& de parties variées , qui concourent à
une fin commune , & plus il est evi-
dent que ce tout n'est point la production d'une cause aveugle. Soutenir que
le soleil n'a point été fait pour nous éclairer , l'air pour entretenir notre vie , les
fruits de la terre pour nous nourrir ,
c'est soutenir que les maisons n'ont point
été faites pour servir d'asile aux hommes. Un ouvrage peut résulter d'un concours d'agents aveugles. Un Architecte ,
par exemple , emploie divers manœu-
vres qui ne lui servent que d'instruments ,
mais la régularité , la forme , les proportions de l'Edifice n'en appartiendront
pas moins au véritable Artiste. Ainsi
quand nous supposerions , avec Descartes , que les loix du mouvement ont pu
régler l'harmonie des corps célestes ,
produire les astres , les plantes , les animaux ; l'Auteur de ces loix , capable de

régler la figure, les combinaisons, le degré de mouvement nécessaire à ces grandes opérations, n'auroit-il pas eu & la connoiſſance de leur action, & l'intention de produire par elles de pareils effets ? Peut-il avoir conçu un plan si prodigieux, s'il eſt dépourvu de ſageſſe & de puiſſance ?

Tout eſt rapport dans la nature : chaque être forme un ſyſtême particulier, étroitement lié à un ſyſtême principal, qui eſt encore enchaîné à un autre plus général, & c'eſt du concours de tous ces ſyſtêmes que ſe forme l'enſemble de l'univers. L'univers eſt la collection de tous les êtres créés. Cette collection eſt harmonie. Il ne s'y trouve pas une ſeule piéce qui n'ait ſa raiſon dans le tout ; comment eſt-ce que cette merveilleuſe machine n'a point eu de cauſe, ou n'en a eu que d'aveugles ? Quel homme, s'il n'eſt inſenſé, ſoutiendra qu'une ſphere ou une horloge, s'eſt fabriquée & montée d'elle-même, ou qu'elle l'a été par le hazard ? Qu'eſt-ce qu'une horloge en comparaiſon de l'univers ?

Qu'eſt-ce que le hazard ? c'eſt l'abſence de deſſein prémédité dans le réſultat de pluſieurs cauſes. Attribuer un effet au hazard, c'eſt dire que cet effet a été

Hazard.

produit fans connoiſſance & fans volonté dans l'agent , & que l'on eſt incapable de montrer exactement ſa liaiſon mécanique avec toute la complication de ſes cauſes. Ce terme dans ſon uſage légitime , déſigne moins l'ignorance des cauſes , qu'il ne marque que l'on ne doit point chercher de cauſe ſpéciale à certains concours d'effets , qui ont chacun leur cauſe particuliere. Je vois pluſieurs corps entaſſés confuſément. Cette vue ne me donne d'autre idée que celle d'un pouvoir de les raſſembler. Je n'ai pas beſoin de ſuppoſer de l'intelligence où je n'apperçois point d'art. Ainſi quand j'attribuerois du pouvoir à la nature , je ne pourrois lui attribuer la formation des animaux ou des êtres quelconques. Le corps d'un animal eſt compoſé d'un grand nombre d'éléments unis, diſpoſés , & coordonnés de maniere à le former dans ſon eſpece. Ses parties agiſſent conformément à leur nature & à leur compoſition. Il y a un deſſein que la nature n'a pu concevoir. Car en ſuppoſant même que la matiere penſe , la maſſe de l'univers ne peut penſer , parce qu'il n'y a que les corps organiſés des animaux , auxquels on puiſſe attribuer la faculté de penſer. Or une maſſe qui compoſe tant de globes , de terres , & de Cieux , quelqu'infinie qu'on la suppose , n'est point organisée. Elle ne se connoît point elle-même. Les Philosophes modernes en conviennent. Elle n'a donc aucune pensée. Elle n'a aucune intelligence. Elle ne peut donc être la cause d'un ouvrage qui annoncé un dessein & un plan régulier.

Pazz. Nous expliquons les effets de la nature par les loix du mouvement.

Accort. Il s'en faut bien que ces loix expliquent les phénomenes de la nature. Les Mathématiciens n'ont pu encore déduire géométriquement les loix du mouvement de l'essence de la matiere. Les cometes qui parcourent le Ciel dans toutes les directions , tandis que les planetes se meuvent d'occident en orient , prouvent bien que ces loix sont arbitraires , & que l'on ne peut trouver la raison suffisante du mouvement , que dans la volonté d'un premier moteur. Ce n'est pas dans une matiere indifférente à toutes les directions , & à tous les degrés de mouvement , qu'il faut chercher la cause des êtres & de leur maniere d'exister.

Tout Agent libre étant doué de perception , ses ouvrages doivent être pro-

portionnés à ſes connoiſſances. On ne
peut rien faire avec art, ſi l'on ne connoît les regles de cet art. Un ignorant
en peinture pourra jetter confuſément
des couleurs ſur la toile. Peut-être écha-
pera-t-il à ſon pinceau quelques heureux
traits, mais il ne réuſſira jamais à ache-
ver un tableau ; encore moins ſera-t-il
capable d'atteindre aux Chefs-d'œuvres
des Pouſſin & des Raphaël. Comment
les Philoſophes de nos jours ont-ils oſé
ſoutenir que l'Iliade a pu être l'effet fortuit des caracteres ? N'eſt-ce pas ſuppoſer un fait qui renferme une contradiction
dans les termes, ſavoir : que le plus in-
génieux Poëme qui ait paru, eſt ſorti
d'une cauſe ſans intelligence, ou qu'il eſt
un effet ſans cauſe ? Une cauſe aveugle
eſt un agent qui n'a pas la conſcience
de ce qu'il fait. Un effet eſt fortuit,
lorſqu'aucune intelligence particuliere ne
paroît l'avoir dirigé. Qui croira que de
pluſieurs caracteres placés au hazard,
ſe ſoient formés l'harmonie des vers,
la juſteſſe & la magnificence des expreſ-
ſions, la naïveté des peintures, la proportion des parties de ce Poëme ſubli-
me, ſon unité parfaite & ſa conduite
inimitable ? Un Sauvage qui verra une
montre pour la premiere fois, com-

prendra qu'elle est l'ouvrage d'un être intelligent ; & nos Diaforins en métaphysique mettront en délibération, si une suite de caracteres, telle qu'elle se trouve dans l'Iliade ou dans l'Énéide, répond à une suite d'idées ? Ils affirmeront devant le public, qu'un Poëme se forme dans le cerveau par des impulsions & des attractions, comme un abcès se forme dans les poumons ? *Risum moveatis amici.* Lorsqu'il s'agit de rendre raison d'un ouvrage régulier & approprié à certaines fins, il faut nécessairement remonter à une cause unique & supérieure qui l'ait produit. Ce juste rapport des parties au tout, qui exprime un but est un effet qui doit avoir sa cause propre. l'Unité de dessein, l'unité d'idée, l'unité d'effet suppose une cause unique & intelligente. L'ordre de l'univers, la symmétrie des êtres, les rapports de toutes les choses, & les utilités qu'elles se présentent mutuellement, supposent une cause unique & souverainement intelligente. Ce qui existe souverainement, doit être un. L'unité peut être parfaite; la multitude ne peut l'être.

Tous les hommes se sont accordés à reconnoître l'existence d'un Être suprême, qui soutient des relations avec l'homme. Ils ont déduit du même principe des conséquences différentes. La diversité de leurs opinions fur la nature de Dieu, ne prouve rien contre fon exiftence. Les Philofophes qui reconnoiffent la voix de la nature dans la voix du genre humain, avouent n'avoir de la divinité qu'une idée fort imparfaite, mais ils n'en font pas moins perfuadés de fon exiftence, comme ils le font de celle des corps, quoique la matiere ne leur foit pas plus diftinctement connue que l'efprit. Locke prétend même que nous connoiffons l'exiftence de Dieu, avec plus de certitude que toute autre chofe qui exifte hors de nous. (e) L'incompréhenfibilité de fon effence, nous eft un gage de la jufte idée que nous nous en fommes formée, puifqu'elle fuppofe l'idée de l'infini, qui dans nous eft & doit être abfolument imparfaite, fans être un obftacle à la connoiffance de plufieurs de fes attributs effentiels, que nous démontrons ne convenir qu'à lui feul. Il eft un : deux êtres également parfaits fe détruiroient mutuellement. Aucun d'eux ne le feroit infiniment, & chacun d'eux feroit une ré-

____

(e) Effai. l. 5. c. 10.

pétition inutile de l'autre : l'éternité est encore une suite de son existence. Existant par soi, il ne peut avoir dans soi , ni avant ni après. L'intervalle du néant à l'être étant infini, il n'y a qu'une puissance infinie qui puisse le franchir. Quelle puissance pourroit-on attribuer à ce que l'on supposeroit n'avoir pas même un commencement d'être ? Sa puissance comme sa liberté ne consistent pas à faire des choses incompatibles avec sa propre essence. Le pouvoir moral est à distinguer du pouvoir absolu. Un tyran peut condamner la vertu d'un homme de bien , un bon Prince ne le peut pas. Celui-ci sera-t-il moins puissant que l'autre ? Si Dieu n'étoit pas libre , tous les effets de cette cause premiere , seroient d'une nécessité si absolue , qu'on ne pourroit les concevoir autrement sans contradiction. Il agit librement quand il punit le méchant , parce qu'il en trouve les motifs dans lui même. Il est également immuable , puisqu'il a toujours dans son essence, la cause de son existence. Il n'est susceptible ni de changement ni de modification quelconque tant pour la maniere , que pour le fond de son être. Il ne peut rien perdre ni rien acquérir. Dans lui tout est fixe , quoiqu'il soit la cause des changements qui arrrivent dans l'univers. Son immenſité eſt inſéparable de ſon exiſtence. Si je puis le concevoir abſent d'un lieu, je puis le concevoir abſent d'un autre lieu, & enfin de tout lieu. Puis donc que la non - exiſtence d'un être qui exiſte par lui-même , répugne dans les termes , il s'enſuit que Dieu eſt préſent par-tout. Comment y eſt-il ? Que l'on m'apprenne auparavant ce que c'eſt que l'eſpace ? Newton n'en ſait rien. s'Gravelande ne nous ſatisfait pas davantage. Il n'appartient qu'au Philoſophe de ſentir les bornes des connoiſſances humaines. Ce qu'il y a de certain , c'eſt que Dieu agit ſur tout ce qui eſt. Il peut encore produire un plus grand nombre d'êtres , ſur leſquels il agiroit avec la même puiſſance, ſans aucun rapport local avec les corps ſur leſquels il agit. Il n'y a point de lieu particulier pour lui. Il n'eſt point préſent par ſa ſubſtance dans un lieu plutôt que dans un autre. Il eſt infiniment, & ſon action eſt infinie ſur tous.

Ses divers attributs n'expriment point des choſes réellement diverſes ; ils ne font qu'expliquer les différents rapports qu'il a avec ſes ouvrages. La juſtice & la miſéricorde, la ſageſſe & la bonté , l'intelligence & la volonté ne font en lui qu'une même chofe. La diftinction qui eft dans nôtre penfée, n'eft point dans l'être infiniment fimple. La jaloufie, le repentir, la colere, la vengeance ne font point des paffions vicieufes qui l'affujettiffent. Ces façons de parler font faites pour l'homme qui ne peut parfaitement faifir la fimplicité de fes perfections infinies. Dieu n'eft point un defpote farouche & cruel qui lui commande des chofes impoffibles, pour avoir le plaifir de le tourmenter. *Il aime les ames qu'il a créées, & jamais il n'a formé le deffein d'en perdre aucune, qui n'a pas voulu périr. Rien ne pouvoit fubfifter s'il ne le vouloit pas, comme rien ne fe peut conferver fans fon ordre ; mais il eft indulgent, parce que tout eft à lui.* En nous appellant à l'exiftence, en nous donnant l'idée du bien, en nous faifant fentir le befoin du bonheur, il nous a promis de nous rendre heureux, & il fe doit à lui-même de ne point nous tromper.

Ces propriétés que l'on attribue à l'être néceffaire, en font des conféquences forcées qui tiennent aux premiers principes de la raifon. L'idée que l'on s'en forme, eft bien différente de celle que nous avons de la matiere qui annonce son exiſtence , par les impreſſions qu'elle fait ſur nos organes. L'idée que nous avons de Dieu, eſt une notion de l'entendement pur , qui eſt très-poſitive. L'incompréhenſibilité étant commune à tous les objets de nos penſées , elle ne prouve rien contre le ſyſtême qui admet un Dieu , parce que ce ſyſtême l'admet comme néceſſairement incompréhenſible. Mon imagination peut être révoltée , parce qu'elle ne peut peindre aux ſens , les propriétés eſſentielles à la divinité. Mais qu'importe à la certitude de leur exiſtence ? Le Géometre poſe des principes dont l'évidence eſt univerſellement reconnue. Il va enſuite de propoſition en propoſition , & quelque choquantes que paroiſſent les conſéquences , elles n'en ſont pas moins démontrées , parce qu'elles tiennent à la chaîne des propoſitions , qui les lient avec les premiers principes. De même je pars d'un point lumineux , qui eſt la néceſſité de l'exiſtence de Dieu. Je ne puis en contredire le ſentiment vif, profond , irréſiſtible. Si je ne puis rendre raiſon de tout , je n'en accuſe que les bornes de mon eſprit. Toutes les difficultés imaginables ne ſauroient détruire une preuve directe. Sans la croyance d'un Dieu, il

n'y a ni lumiere dans l'esprit , ni consolation dans le cœur , ni ordre , ni
beauté dans l'univers. L'homme se sent
porté à la vertu par l'idée d'un Etre souverain , témoin & rémunérateur de ses
bonnes œuvres ; il est arrêté dans l'exécution de ses noirs projets , par l'idée
d'un Dieu ennemi & juge des méchans.
Ainsi l'athée qui combat son existence ,
est le plus grand fléau de l'humanité.

Son système avilit l'ame , porte le désespoir dans le cœur de l'homme , l'engage à tous les crimes , en lui ôtant les
remords ; ne remplit son imagination que
de lugubres idées ; n'offre à son esprit
désolé que les horreurs du néant , & change ce monde dans un affreux desert. Les
athées , dit Locke , » sont des foux &
» des arrogants. (f) Si l'athéisme deve-
noit général , la société des hommes seroit plus à craindre que celle des bêtes
féroces.

Pazz. On ne doit rien conclure du
déréglement d'un athée. » Il peut ne pas
» toujours appliquer la spéculation de
» ses devoirs à sa conduite , & oublier des
» principes certains , pour suivre des

Athéisme.

(f) Essai. l. 5. c. 19.

» penchants qui l'égarent. Rien de plus
» commun parmi les hommes qu'une dif-
» cordance très-marquée entre l'esprit
» & le cœur. » (g)

ACCORT. Quels peuvent être les devoirs d'un Athée qui n'a ni crainte, ni
espérance ? Si la considération de la justice de Dieu , est souvent moins forte
que les passions des hommes, que fera-
ce si elles ne font réprimées par aucune
considération ? Y aura-t-il plus d'hommes
vertueux, dès que l'on aura moins de motifs de pratiquer la vertu ? Quand l'A-
thée auroit des mœurs , qu'en résulte-
roit-il en faveur de son système , qui
tend évidemment à les détruire ? La
vie d'Epicure, quoique voluptueuse, ne
fut dans le reste nuisible à personne ;
mais l'Epicuréisme renversa la République Romaine. Nous pouvons dire, d'après
Bacon, (h) qu'il est prouvé par l'expérience qu'il n'y a à embrasser l'Athéisme que ceux qui n'ont qu'une teinture
de philosophie. Lorsqu'on en est aux éléments de cette science , & que l'esprit
s'arrête aux causes secondés qui frappent

(g) Système de la Nat. 2. p. c. 11.
(h) De augment. scient. l. 1.

immédiatement les fens , il en eft fi ab-
forbé , qu'il peut oublier l'exiftence d'une
caufe premiere. Mais celui qui pénétre
plus avant , & qui réfléchit fur la dépendance, laf.ite & l'enchaînement des caufes, & fur les œuvres de la Providence , fe perfuade aifément que, fuivant
la Mythologie des Poëtes , le dernier
chaînon de la grande chaîne tient au
trône de Jupiter. (*i*)

Ce n'eft pas que dans notre fyftême,
il n'y ait des objections embarraffantes ;
mais que prouvent-elles autre chofe.,
finon que nous avons des idées fort in-
complettes des vérités que nous démontrons ? Elles accufent les bornes de
notre efprit , & non l'infuffifance de nos
preuves. Dois-je renoncer à la croyance
d'un Dieu que tout m'annonce , parce
qu'elle me jette dans un abîme d'incom-
préhenfibilités ? Je ne le puis fans renoncer à l'évidence qui l'établit , & aux premiers principes de ma raifon , pour embraffer un fyftême abfurde, contradictoire, inintelligible. » On doute de
» Dieu en pleine fanté, difoit Labruyere,
» comme l'on doute que ce foit pécher

_____

(*i*) Ibid.

» que d'avoir un commerce avec une
» perſonne libre. (On décideroit alors avec
» l'Auteur du Pyrrhoniſme du Sage,
» cette grande queſtion *à croix & à pile.*)
» Quand l'on devient malade & que
» l'hydropiſie eſt formée, on quitte ſa
» concubine, & l'on croit en Dieu. Il
» faudroit s'éprouver & s'examiner ſerieu-
» ſement, avant que de ſe déclarer eſ-
» prit fort ou libertin, afin au moins,
» & ſelon ſes principes, de finir com-
» me l'on a vécu ; ou ſi l'on ne ſe ſent
» pas la force d'aller ſi loin, ſe réſou-
» dre de vivre comme l'on veut mou-
» rir.

Création. Ce qui exiſte aujourd'hui, annonce quelque choſe qui a toujours exiſté. La Contingence des êtres, ſuppoſe un être néceſſaire. Dieu eſt le ſeul qui porte dans ſon fond la cauſe & la néceſſité de ſon être. Il a non ſeulement l'être, mais il le poſſede au ſuprême degré, puiſqu'il eſt renfermé dans ſon eſſence. S'il a l'être par nature, il peut en diſpoſer, & le communiquer, ſans rien recevoir du dehors. Ce qu'il recevroit ne pourroit rien ajouter à ce qu'il a par lui-même, & s'il y ajoutoit, dès-lors il n'auroit plus la plénitude de l'être. Il n'exiſteroit plus néceſſairement. Il ne faut pas croire que les créatures foient une portion de la nature divine, ni que Dieu ait perdu du fien, en communiquant l'être au néant. C'eft en fe jouant qu'il a appellé les cieux avec toutes leurs armées , la terre & tout ce qu'elle renferme. C'eft pour jouir de ces magnifiques ouvrages & pour lui en rendre graces, qu'il a créé l'homme à fon image , en lui donnant l'entendement & la volonté par lefquels il reffemble à fon Auteur , qui n'eft que volonté & qu'amour. Comment s'eft exécuté ce grand phenomene ? Le fait eft auffi certain, que la maniere dont il s'eft operé nous eft impénétrable. Or il n'y a que le fait à nous intéreffer vivement ; & nous en avons une preuve evidente dans la nature des chofes créées , dont on ne peut trouver la raifon que dans un être dont l'exiftence foit néceffaire. Un mouvement fans moteur , une matiere brute qui s'organife & s'anime d'elle-même ; un mouvement d'atômes qui, par des changements variés à l'infini , produit l'ordre & l'intelligence , une vafte machine dont les rapports font directs & fenfibles , laquelle fe monte fans rien favoir ; ces paradoxes reffemblent plutôt à des contes de Fées , qu'à des affertions philofophiques. Qui croira poffible une suite d'hommes sans origine, c'est-à-dire, une suite de fils sans pere ? Qui accordera à l'univers avec la puissance de créer, le privilege de l'éternité, qui en est inséparable ? S'il y a eu éternellement des hommes & des animaux, le nombre doit actuellement être infini, & comme l'on ne peut ajouter à l'infini, il doit être impossible qu'il en naisse de nouveaux. L'origine des peuples, des arts & des sciences devroit se perdre dans l'abîme des siecles. Nous en connoissons cependant l'époque. Nous connoissons les premieres loix qui se ressentent assez du temps de leur enfance. Chaque Nation sait qu'elle a eu un commencement. Nul fait authentique, nulle histoire véritable, ne m'atteste que le monde existoit avant le temps marqué par Moyse : il n'existoit donc pas encore. Comment croire en effet que les hommes imaginés par les Préadamites, ayent été plongés dans une si grande ignorance ou stupidité, que le desir d'honorer sa Nation, & d'instruire la postérité, n'ait commencé qu'avec Moyse & les anciens Egyptiens ?

Pazz. Les parties qui forment le corps humain ont été jadis dispersées sur le globe, se sont rencontrées, entreheurtées, attirées, repouſſées, puis rangées dans le bel ordre où nous les voyons, ont produit par leurs combinaiſons, la vie, le ſentiment & la faculté de rai-ſonner. C'eſt à leur impulſion & à leur gravitation, que l'on doit l'invention de la parole, des ſciences & des arts.

ACCORT. Ce dénouement qui fait fré-mir le ſens commun, ne mérite pas d'être plus ſérieuſement diſcuté, que les pro-noſtics des faiſeurs d'Almanachs. C'eſt une expérience conſtante qu'un animal ne peut être produit que par ceux de ſon eſpece. Un corps organiſé eſt un ſyſtê-me d'un nombre infini de machines qui correſpondent directement, qui ſont faites les unes pour les autres, & dont les forces concourent au bien général. C'eſt un tout qui n'a pu ſe former ſuc-ceſſivement, puiſque chaque partie ſup-poſe l'exiſtence des autres. Quand la terre auroit pu enfanter des corps orga-niſés, auroit-elle pu créer l'ame de l'hom-me ? L'eſprit peut-il ſortir d'une matiere inerte ? La terre elle-même n'a-t-elle pas un auteur ? L'eſt-elle de ſa propre exiſtence ? A-t-elle donné aux aſtres leur lumiere & leur cours, à la mer ſes eaux & ſes bornes, à l'univers enfin, ſon exiſtence & ſa forme ? Ou bien chaque piece dans l'univers, ſi vous en exceptez

l'homme que l'on convient avoir été
créé, jouit-elle des prérogatives de la
Divinité ? Quelle foule d'absurdités,
quel entassement d'extravagances le mauvais Philosophe est obligé d'adopter en
échange des premieres notions du sens
commun ? Il a beau s'étourdir en se per-
suadant qu'il ne peut se former l'idée d'un
être immatériel, & que d'ailleurs il est
impossible à un esprit d'agir sur la matiere. Nous le plaignons de ne pas concevoir qu'il est ridicule de nier la possibilité d'un être immatériel, parce que
l'on ne peut se le représenter sous la
forme d'un être materiel. L'idéaliste qui
spiritualise tout, traite d'illusion le témoignage des sens. Le matérialiste appelle chimeres, toutes les idées de spiritualité. La vérité est que nous ne connoissons ni l'essence de l'esprit, ni celle
des corps, ni en quoi consiste l'appli-
cation d'une force, ni ce que c'est qu'une
force, ni comment un corps agit sur un
autre corps. Ainsi les objections par les-
quelles il croit nous embarrasser, lui sont
communes avec nous. S'il ne peut les
résoudre, il ne peut nous obliger d'y
répondre. Sans nous arrêter à des arguments frivoles, qui ne servent qu'à em-
brouiller les choses les plus palpaples,

nous

nous difons fimplement que toutes les créatures ont une exiftence bornée & précaire ; qu'elles la tiennent par conféquent du premier être, puifqu'une fucceffion infinie d'effets fans caufe implique contradiction ; que cet être créateur eft l'être néceffaire & infiniment parfait qui feul peut communiquer ce qu'il poffede éminemment. Voilà des idées claires. S'il y a des difficultés au-delà , il n'y a point de contradiction.

Quand on voit la terre couverte de *Providence.* riches moiffons , les arbres chargés de fruits délicieux , les forêts peuplées d'animaux propres à la nourriture & aux plaifirs de l'homme ; quand on apperçoit dans le firmament des aftres qui l'éclairent dans le jour , & qui le guident pendant la nuit , l'azur & les étoiles qui embelliffent fa demeure , le don d'une jeuneffe éternelle , qui rend l'univers , à qui il commande , auffi entier & auffi beau qu'à fa naiffance , on ne peut méconnoître dans fon Dieu , les caracteres d'un pere tendre qui s'occupe de fon bien - être , qui veille à fa fûreté , qui pourvoit à fes befoins , & qui ne ceffe de répandre fes bienfaits fur lui. *Quand on voit notre globe s'émouvoir , au feul afpect du Tout-puiffant , les montagnes fe fon-*

dre comme la cire, la foudre & les éclairs marcher à sa suite, le feu & la grêle, la neige & les exhalaisons remplir sa volonté, les vents s'élever & s'appaiser, l'océan impétueux revenir sur ses pas & respecter ses bornes ; on ne peut douter que Dieu ne tienne en sa main la masse de la terre & l'ame de tout être vivant ; que c'est lui qui appauvrit & qui enrichit, qui abaisse & qui éleve, qui tue & qui vivifie, qui blesse & qui guérit ; & que du haut de son séjour, il ne regarde tous les enfants des hommes, dont il considere les œuvres, limite la route, & compte tous les pas. Si Dieu n'influe en rien sur mon sort, s'il ne prend aucune connoissance de mes actions, que m'importe mon existence ? S'il est indifférent à la vertu & au vice, il n'est ni bon, ni sage, ni juste, ni parfait : il n'est rien. S'il est l'auteur de tout, s'il est présent par-tout, il doit tout diriger.

C'est en vain que des fanatiques exagerent nos maux, & nous représentent ce monde comme un cachot rempli de bourreaux, d'imposteurs, de scélérats, & d'imbécilles, dont on ne peut sans absurdité attribuer la conduite à un Dieu sage & bon.

Nos maux sont notre ouvrage, & Dieu n'en est l'auteur qu'autant qu'il nous

a faits libres. Pour empêcher l'homme
d'être méchant, devoit-il en faire un
automate ? Devoit-il nous priver du plaifir d'une bonne action ? Pour nous ôter
le pouvoir de nous rendre malheureux,
devoit-il nous rendre incapables de par-
venir au bonheur ? » Murmurer, dit
» Rouſſeau, de ce que Dieu ne nous
» empêche pas de faire le mal, c'eſt
» murmurer de ce qu'il nous fit d'une
» nature excellente, de ce qu'il mit à
» nos actions la moralité qui les enno-
» blit, de ce qu'il nous donna droit à
» la vertu. La ſuprême jouiſſance eſt
» dans le contentement de ſoi-même.
» C'eſt pour mériter ce contentement,
» que nous ſommes tentés par les paſ-
» ſions & retenus par la conſcience. »
Sans le mal l'homme n'auroit ni ſouve-
nir des peines paſſées, ni eſpérance d'un
meilleur ſort. Toutes les ſources des
plaiſirs lui ſeroient fermées. Ce mal que
nous ſouffrons, eſt un châtiment que
nous avons mérité, &, abſtraction faite
du péché, il ſeroit une ſuite de la ſen-
fibilité qui nous eſt naturelle. Sans le
mal, l'homme ne pourroit connoître ce
qui lui nuit, ni ſe procurer le bien-être.
Il ſeroit à chaque moment expoſé à périr, & ce chef-d'œuvre du Tout-puiſ-

fant ne feroit pas diftingué du végétal.

PAZZ. Les peines du jufte font du-moins une injuftice paffagere. (*i*).

ACCORT. Quoi, il eft injufte que l'homme de bien ne foit pas impaffible ? qu'il fouffre un mal paffager , qui donne lieu à des biens incomparablement plus grands, & qui , fans lui , n'auroient pas exifté ? que fa vertu ne foit pas récompenfée d'avance , & qu'il ne foit couronné qu'après le combat ? L'exclufion du mal nous feroit perdre un bien plus confidérable, qui n'exifteroit pas fans lui. Le Philofophe en détruifant la Religion qui rend nos maux fupportables, fouvent délicieux, accroît nos miferes , ôte le feul motif qui les puiffe adoucir , & fait qu'elles deviennent incurables.

PAZZ. Il en indique le remede , en nous autorifant à y mettre fin.

Suicide. ACCORT. Il convient qu'il n'y a que les foux à fe priver de la vie; (*k*) Or, eft-il d'un Philofophe de fournir des prétextes aux foux, & de favorifer leur démence ? Il y a à la vie humaine , dit J. J. Rouffeau, un but , un objet moral, Eft-on

---

(*i*) Syft. de la Nat. 2. p. c. 3.
(*k*) Syft. de la Nat.

placé ſur la terre pour n'y rien faire ?
N'a-t-on point de tâche à remplir ?
Quand a-t-on aſſez porté la vie , pour
être en droit de la quitter ? La vie eſt
un mal , mais y a-t-il des biens qui ne
ſoient mêlés de maux ? Peut-on confondre ce qui eſt mal par ſa nature ,
avec ce qui ne ſouffre le mal que par
accident ? La vie paſſive de l'homme
n'eſt rien , mais ſa vie active & morale,
qui doit influer ſur tout ſon être conſiſte dans l'exercice de ſa volonté. La
vie eſt un mal pour le méchant qui proſ-
pere, & un bien pour l'honnête homme
infortuné. Ce n'eſt pas une modification
paſſagere , mais ſon rapport avec ſon
objet, qui la rend bonne ou mauvaiſe.
C'eſt dans la mauvaiſe diſpoſition de
l'ame qu'eſt tout le mal. Il faut corriger
ſes affections déréglées , & ne pas brûler
ſa maiſon , pour n'avoir pas la peine de
l'arranger. L'expérience dément toujours
ce ſentiment d'amertume , qui nous fait
regarder nos peines comme éternelles.
De deux moyens de nous délivrer des
ſouffrances, lequel doit-être préferé de
la mort ou du temps ? La peine paſſe
comme une ombre. La vie n'eſt rien
par elle-même, ſr . prix dépend de ſon
emploi. S'il eſt permis de mourir , au-

tant vaudroit-il dire qu'il eſt permis de n'être pas homme , de ſe révolter contre l'auteur de ſon être, & de tromper ſa deſtination. La ſociété à qui l'on doit ſa conſervation, ſes talents, ſes lumieres ; la patrie à qui l'on appartient ; les malheureux qui ont beſoin de notre ſecours , ne leur doit-on rien ? Le ſage mépriſe-t-il les Loix ? Socrate, innocent, par reſpect pour elles, ne voulut pas ſortir de priſon , & on les violeroit pour ſortir injuſtement de la vie ? Un citoyen vertueux ne ſe délivrera pas de ſes devoirs , même après les plus cruelles infortunes. Varron voulut ſurvivre à ſes défaites. Nous devons à la Patrie notre ſang & nos derniers ſoupirs. Tout homme eſt utile à l'humanité, par cela ſeul qu'il exiſte. Si nos maux que l'on aigrit, en groſſiſſant leur nombre & leur intenſité , ſont la voie qui nous conduit au parfait bonheur , avons-nous droit de nous en plaindre ? Si la priere, en recueillant les forces de notre ame, la rend inacceſſible à tous les traits de l'adverſité, avons-nous raiſon de murmurer? L'idée d'un Dieu qui ne laiſſe ſouffrir l'homme de bien que par des raiſons de ſageſſe & de bonté , qui ſe propoſe de le dédommager d'une épreuve momen-

tance , par des torrents d'une gloire immortelle , est bien capable de sécher
les pleurs de la vertu , de calmer ses
peines , & de l'affermir contre les assauts
des méchans. Otez-lui cette consolation,
l'homme se trouve plongé dans le vuide.
Le contentement de son ame fait place
au désespoir. Le mal est donc nécessaire
à l'homme, pour qu'il sente son propre
bonheur. Sans le mal , il ne connoîtroit
point le bien ; il ne jugeroit de rien ;
il n'auroit ni volonté , ni choix , ni motif pour rien aimer ou rien craindre.

Pazz. Ce seroit un avantage pour
lui. La liberté que l'on attribue à l'homme, ne peut être qu'un présent funeste
qui sert à le perdre par l'abus qu'il en
fait.

Accort. Seroit-ce un avantage pour
lui d'être réduit à la condition des bêtes ? *Liberté*
Une faculté dont le bon usage nous mene
sûrement au bonheur , n'est point un
présent funeste , ou elle n'est telle que
par notre faute. Il n'y a qu'un furieux
qui ose avancer que Dieu ne nous l'a
donnée que pour avoir le plaisir de nous
punir par des châtiments recherchés. Il
n'existe point d'autre mal que celui que
nous nous faisons à nous - mêmes. Le fataliste , en détruisant la liberté , outrage

plus la Divinité que l'athée-même, & cause à la société un plus grand préjudice, parce qu'il donne carriere à toute la perversité du cœur humain. Quelle idée que celle d'un Dieu qui nous rend atroces & malheureux, & qui par nos mains pille, brûle, viole ? Qu'est-ce que ces reproches intérieurs qui marchent toujours à la suite du crime, sinon le sentiment de notre liberté, qui nous reprend d'avoir mal fait, parce que nous pouvions mieux faire ? Qui pourroit se reprocher de n'avoir pas surmonté l'impossible, ou de ne s'être pas soustrait à une nécessité inévitable ? mais le fataliste recevroit-il tranquillement les excuses de sa femme, qui lui assureroit n'avoir manqué de fidélité, que parce qu'elle y auroit été entraînée nécessairement ? Ne penseroit-il de sa conduite, que ce que l'on pense d'une horloge qui se détraque? Comment conteste-t-il une vérité sur laquelle est appuyé tout l'ordre de la société ? Si son système a lieu, il ne faut plus parler de justice & d'injustice, de vice & de vertu. Il ne faut plus déclamer contre les Tribunaux & les Edits des Princes. Les Loix qui décernent des récompenses ou des châtiments, sont inutiles & nécessaires. Le feu qui consume un éd fice, mérite le même supp'ice que l'incendiaire. On doit fouetter une mer courroucée, comme l'enfant indocile. Exhorter à la vertu, c'eſt imiter Theſée qui prêche la juſtice aux damnés.

PAZZ. Les avertiſſements & les loix pénales ſont utiles, comme le ſont les goutieres que l'on place à une maiſon, pour en détourner les eaux de la pluie.

ACCORT. Quelle différence ! L'Architecte dirige des êtres ſoumis à la néceſſité phyſique, au lieu que les Légiſlateurs parlent à des agens libres, qui trop ſouvent bravent les avis & les loix.

PAZZ. On enferme les foux.

ACCORT. Oui, mais on ne les prêche pas, mais on ne les punit pas comme coupables ; on les met ſeulement hors d'état de nuire aux autres.

PAZZ. La volonté ſe conforme toujours aux arrêts de l'entendement, donc elle n'eſt pas libre.

ACCORT. Dis plutôt que ſi elle ne pouvoit s'y conformer, elle n'auroit aucune liberté. L'homme eſt libre, parce qu'il veut comme il l'entend. Cela eſt ſi vrai qu'il fait ſouvent le contraire de ce qui lui eſt preſcrit par les Loix & la Religion. Mais ce n'eſt point au fataliſte à parler morale ; Autant vaudroit engager une horloge à corriger ses mouvements. Tous les arguments que l'on fait contre la liberté humaine, sont aussi frivoles que ceux que l'on oppose à la possibilité du mouvement, ou à l'existence des corps. Ils ne prendront jamais faveur, parce qu'ils combattent un sentiment vif, profond, universel, qui dit aussi fortement à l'homme que c'est lui qui se détermine, que le sentiment qui le persuade que c'est lui qui entend, qui connoît & qui pense. Tous les hommes ne regardent une action comme morale, que parce qu'ils supposent de la liberté dans l'agent. Le fataliste qui n'admet ni mérite, ni démerite, détruit le ressort des belles actions, ôte au vice son infamie & ses remords, à la vertu sa consolation & ses couronnes.

Spiritualité de l'ame. On a dans tous les temps distingué la matiere, de la faculté de penser. L'embarras des Anciens pour expliquer la nature de l'ame, ne venoit que de ce qu'ils sentoient l'incompatibilité de la pensée avec un être divisible, étendu, & nécessairement composé. S'ils eussent cru pouvoir allier l'un & l'autre, ils n'auroient pas tant imaginé de systêmes qui faute de principes clairs, les détournoient de la vérité qu'ils cherchoient à connoître.

Le fataliste , pour établir celui d'une invincible néceſſité , combat la vérité, connue. Il dépouille l'homme de la plus noble portion de ſon être, en le ſuppoſant une machine , ou un aſſemblage de molécules élaborées de maniere à produire les arts , les ſciences & tous les chefs-d'œuvres du génie. Il y auroit, ſelon lui, autant d'êtres penſants dans chaque individu organiſé , qu'il y auroit de molécules de matiere ; deſorte que le ſentiment en impoſeroit à chaque homme, en l'aſſurant qu'il n'y a dans lui qu'une perſonne , tandis qu'il y en auroit autant que de parties douées de la faculté de penſer.

PAZZ. La faculté de penſer n'eſt pas dans chaque partie ; mais elle eſt un effet réſultant d'une compoſition des parties non penſantes.

ACCORT. Alors la force du compoſé ſera d'un autre genre , que celles des parties ; or une force compoſée qui ne vient d'aucune des forces compoſantes , ne peut venir de la compoſition , car celle-ci n'eſt autre choſe que l'aſſemblage des parties. Il eſt abſurde de compoſer un être penſant , de parties deſtituées de ſentiment & d'intelligence.

PAZZ. La penſée eſt la conſcience de

ſes mouvements propres ; or la penſée n'eſt que la modification de la matiere.

ACCORT. La conſcience de ſoi & de ſes actions, eſt une faculté eſſentielle & diſtinctive d'une ame intelligente. Si la penſée eſt une modification de la matiere, la modification de la matiere conſiſtant dans le mouvement, la conſcience du mouvement, eſt un mouvement, ce qui eſt ridicule & contradictoire. Pour que nous ſentions, il faut qu'un objet extérieur ébranle nos organes, & que ceux-ci tranſmettent leurs mouvements au cerveau ; mais ce n'eſt point là ce que nous nommons idée, ſentiment, conſcience. La ſenſation de l'odeur, par exemple, eſt bien différente des exhalaiſons qui la portent, & des nerfs de l'organe qu'elles ébranlent. L'activité de l'ame, la ſimplicité d'une penſée eſt abſolument incompatible avec la matiere qui n'eſt qu'une maſſe inerte ; *nec quicquam niſi pondus iners.* OVID. Il faudroit autant entreprendre de démontrer la quadrature du cercle, ou la poſſibilité d'une ſphere triangulaire, que de vouloir perſuader à des êtres ſenſés qu'ils ont des penſées couleur de roſe, ou que leurs plus belles productions ne ſont que l'effet du jeu de certains corpuſcules, qui ſe

heurtant dans le cerveau , caufent une attraction & une répulfion fucceffive ; ou
que les molécules dont la tête d'Homere
étoit compofée , pouvoient fervir à former celle d'un efcargot : ou que l'on
peut mefurer une penfée à la toife ou au
compas ; ou que l'Énéide a pu être fait
par un arbre , une pierre , ou une ma-
rionette.

Si l'ame eft matérielle , on peut dire
que la vérité des premiers principes ne
confifte que dans l'arrangement de quelques atomes , & que fi ces atomes fe
mouvoient dans un autre fens , nous au-
rions des principes tout contraires à
ceux que nous avons.

Dans l'action des forces mécaniques ,
l'effet fe proportionne toujours à la caufe.
Dans nos mouvements volontaires , ce
principe n'a plus lieu. Une boule ne communique à une autre boule qu'un mouvement proportionné à celui qu'elle a
reçu. Mais fi l'on dit à un pere votre
fils fe noie : il court, il vole au fleuve.
Quelle proportion y a-t-il entre ces deux
mots , & l'impétuofité de fa courfe? Aucune. L'idée du danger qui lui a fait
une impreffion fi puiffante , ne vient pas
de deux paroles qui ont frappé l'air ,
mais d'un principe interne d'action qui

eſt dans l'ame , & auquel le corps obéit.
Le cerveau a bien tranſmis à l'ame le ſon
des mots dits à l'oreille, mais c'eſt une
perception toute ſpirituelle qui agite l'ame
& la tranſporte. Nul enchaînement mécanique entre ces différentes choſes ;
nulle dépendance matérielle, & par con-
ſéquent nulle néceſſité, donc notre ame
eſt immatérielle ; donc nos actions volontaires dépendent de l'ame; donc elles
ſont libres.

PAZZ. Comment un agent ſpirituel
peut-il opérer ſur la matiere ?

ACCORT. Je n'en ſais rien. Je ne ſais
pas même ce que c'eſt que d'agir. J'ignore
l'analogie que je vois entre le contact
& l'action. Ceux qui exigent qu'on leur
faſſe comprendre comment l'eſprit agit
ſur le corps , ignorent , comme moi ,
de quelle maniere un corps en meut un
autre.

Immortalité. Nos Philoſophes matérialiſtes ne re-
jettent toute ſubſtance immatérielle &
intelligente , que pour avoir lieu de nier
notre immortalité. Ce dogme paroît les
révolter, parce qu'ils ſont intéreſſés à ne
pas l'admettre. Ils penſent le détruire en
lui inſultant, & pour lui inſulter, ils ne
reſpectent ni bon ſens, ni décence. Tantôt ils prétendent que cette vérité n'in-

flue en rien fur la conduite des hommes ; tantôt qu'elle leur eft très-nuifi-
ble : ici ils enfeignent que les Prêtres
& les Rois ont imaginé ce moyen pour
contenir les peuples & les fubjuguer ; &
là ils fe plaignent de ce que cette croyance a rendu les hommes *enthoufiaftes* ,
atrabilaires , *forcenés*. Sans les fuivre dans
tous les écarts de leur imagination, je
leur demande fi le Monarque fera plus
humain , quand il croira fur leur parole,
qu'il n'a point de compte à rendre de
fa tyrannie ? Si le Magiftrat fera plus
integre lorfqu'il fera perfuadé qu'il n'y
a pas d'autre Tribunal que le fien ? Si le
Négociant aura plus de bonne foi , l'é-
poufe plus de fidélité , le riche plus de
penchant à la miféricorde , le pauvre
plus de foumiffion dans fon indigence,
quand ils regarderont le néant comme
le terme de leur vie ? Quel eft celui
qui craint les fuites de la mort ? Le jufte
ou le fcélérat ? S'il n'y a que celui-ci
à être tourmenté par l'attente des châtiments réfervés à fes forfaits ; c'eft donc
pour l'y affermir que travaille le Philofophe ? C'eft pour livrer le jufte à fa
fureur , & à fes vexations , qu'il l'affure
de l'impunité ? Le malheureux qui fouffre , ne fe flattera plus d'un fort plus

doux. La vertu ignorée ne comptera plus sur des récompenses dont elle est ordinairement privée dans le monde actuel. Son espérance ne serviroit, dit-on, qu'à l'énerver & à la corrompre. Le genre humain qui a vécu jusqu'ici dans ce préjugé, a été *lâche & inutile*. Mais si la croyance d'un avenir n'est plus un mobile capable de réprimer les passions, quel motif employer pour engager les hommes à la vertu ?

PAZZ. L'espoir de vivre dans la mémoire de la postérité.

ACCORT. Impuissant aiguillon que celui d'une immortalité imaginaire. Hé, que me feront les honneurs & les éloges qu'on rendra à mon cadavre, si à la mort mes idées périssent avec mon corps ? Pourquoi sacrifierai-je mon plaisir, mon repos & ma vie, à une immortalité imaginaire ? Si l'homme a besoin d'illusions, pourquoi lui enlever celle qui le console dans ses malheurs, qui le soutient dans ses entreprises glorieuses, qui répand dans son cœur l'agréable sentiment des plus belles espérances, & qui l'anime à la pratique des plus hautes vertus ? Philosophe absurde, repais ton esprit de viles chimeres ; sois insensible aux charmes d'une vie délicieuse, méprife des avantages réels & préfents , & cours après un fantôme qui raffafie ton imagination plus vaine que tes projets ; mais fi tu prétends m'affocier à tes extravagans fyftêmes , parle à ma raifon , à mon fentiment & à mon cœur ; propofe-moi un plus grand bien , en échange de celui que tu m'engages à abandonner.

Tu ne gagneras rien en dégradant ma nature , pour l'affimiler à celle des bêtes. Je ne vois dans tes arguments qu'ignorance groffiere & baffeffe de fentiments. Avilis-toi ; je me refpecte trop pour me confondre avec des êtres dont l'habileté eft antérieure à l'expérience , & qui favent en naiffant , tout ce qu'ils fauront pendant le cours de leur vie. Leur inftinct qui fe développe tout-à-coup , qui n'eft point fufceptible d'accroiffement ou de perfection , m'annonce non une différence de degrés, mais une différence d'efpece entre leur intelligence & la mienne. Leur exactitude à fe conformer au plan qui leur eft tracé par l'Auteur de la nature , l'uniformité de leurs actions, qui ne fe dément dans aucun inftant de leur exiftence, me prouve qu'ils n'ont ni liberté , ni devoirs. C'eft donc pour eux que tu écris. Tes affertions ne regardent qu'eux, & ne font point faites pour moi.

MORALE.

L'HOMME est l'image de Dieu. Une image est toute faite pour son original. Il connoît & il aime, c'est par-là qu'il ressemble à son auteur, qui n'est que connoissance & qu'amour. De-là les devoirs qui reglent l'usage de ses facultés, de cette connoissance qui ne lui est donnée que pour entendre ce qu'il y a de plus vrai, de cet amour qui ne lui est accordé que pour aimer ce qu'il y a de plus aimable. La Morale est fondée sur des sentiments universels que nous appellons les axiomes du cœur. Elle est une dans les hommes éclairés de cette lumiere naturelle qui est le principe des mœurs.

L'éducation n'est ni constante, ni uniforme. Cependant le sentiment que produisent certaines actions, est le même dans des personnes qui ont reçu une éducation différente. La Morale n'est donc point le fruit de l'éducation. Tous les peuples nous ont transmis d'âge en âge, l'horreur qu'ils avoient pour le crime, & la vénération qu'ils portoient à la piété. Or, si la distinction du bien

& du mal n'eſt que le fruit de l'éducation, comment ceux qui l'ont inventée,
ont-ils pu la conſerver ſans altération
juſqu'à nous ?

La politique n'y a pas eu plus de part.
Comment tant de Princes dans une ſi
grande variété de Religions, auroient-
ils conſpiré à l'établir pour fondement
de la ſociété, & à la perſuader à des
peuples ſi différents ? Pourquoi les Princes eux-mêmes éprouvent-ils des remords?
Pourquoi ſe cachent-ils pour commettre
certains crimes ? Craignent-ils les hommes quand ils font le mal?

Les premiers principes de la Morale,
étant auſſi anciens que le monde, ne
peuvent venir que de l'Auteur même du
monde. Il n'eſt point d'homme qui ne
regarde la reconnoiſſance comme une
vertu, & le libertinage comme un vice.
Cependant il arrive trop ſouvent que
dans l'yvreſſe des Paſſions, il renonce
en pratique à des ſpéculations très-vraies,
& qu'il oublie des principes certains pour
ſuivre des penchants qui l'égarent. Il lui
faut donc un motif puiſſant pour l'engager
à conformer ſa conduite à ſes lumieres.
Les loix humaines ſont inſuffiſantes. Que
de crimes leur échappent, parce que
l'on ne peut en découvrir les auteurs ?

Que de vices contre lesquels elle ne statuent aucune peine ? Dans combien de circonstances le méchant trouve mieux son compte à violer la loi qu'à l'obser- ver ? » Les supplices, remarque Mon- » tesquieu, ne sont pas capables de » donner des mœurs ; (*l*) Ceux donc, » conclut M. Hume, qui s'efforcent de » détromper les hommes sur une vie à » venir, peuvent être de bons raison- » neurs, mais non de bons politiques & » bons citoyens, puisqu'ils ôtent aux » passions leur frein, qu'ils enhardissent » à violer les loix de la société & de » l'équité. (*m*)

PAZZ. La Religion nous ordonne de régler nos passions ; or cela nous est aussi impossible que de *changer notre or-* *ganisation, ou d'ordonner à la nature de* *nos fluides de s'altérer.*

ACCORT. La Religion bien différente de la Philosophie des Stoïciens qui vou- loient détruire en eux toute sensibilité, empêcher l'effet des objets extérieurs, & qui renonçoient au plaisir, pour être exempts du malheur ; dirige nos passions,

---

(*l*) Espr. des Loix. l. 19. c. 17.
(*m*) Essais philosop.

nous détrompe fur leurs apparences, &
ne fait qu'ajouter des motifs aux préceptes de notre raifon. Que de faints en ont
pratiqué la morale ! Que de juftes la
pratiquent encore.

PAZZ. Il eft vrai que fes *maximes font
faites pour féduire des ames honnêtes.* (n)

ACCORT. Elles ne font donc pas *im-
praticables.* Oui *des ames honnêtes* applau-
diront toujours à la morale la plus raifonnable, la plus parfaite, & la mieux
proportionnée à la conftitution de l'homme ; & rougiront de la licence effrénée
de ces écrivains fanatiques qui nous dif-
penfent de tout devoir, nous délivrent
de tout joug, & juftifient les plus hon-
teux déréglemens. Elles croiront toujours
que l'amour d'un pere pour fon fils, eft
fondé fur la pitié que le plus fort doit
accorder au foible qui lui eft confié par
la nature, & que l'enfant doit à fon
premier maître, les fentiments du refpect
& de la reconnoiffance qu'il devra à
tous fes bienfaiteurs. Elles gémiront de
ce qu'il ne tient pas à la Philofophie moderne, que l'on ne fe plaigne avec Tertullien, que le *divorce eft aujourd'hui ré-*

____

(n) Chrift. dev.

gardé comme le fruit du mariage ; & que l'on ne dife d'après Séneque, *qu'à peine y a-t-il aujourd'hui une femme qui rougiſſe d'avoir fait divorce, après que les femmes d'une naiſſance illuſtre comptent leurs an-nées non pas ſur le nombre des Conſuls, mais ſur le nombre des maris,* ou plutôt des adulteres qu'elles ont éu. Elles ne ſe laiſſeront point ſéduire par l'appas d'une liberté criminelle, & d'un plaiſir hon-teux. Elles ne chercheront point ailleurs que dans l'Evangile, le ſyſtême de mo-rale le plus beau & le plus complet qui ait jamais été. Elles jugeront de ſon excellence non par la conduite de ceux qui devroient l'obſerver, mais par les principes, les maximes & les motifs que contient cet admirable code de toutes les vertus.

Eſt-il une doctrine dont les principes tendent plus directement au bonheur de la ſociété univerſelle, & à celui de ſes membres ? En eſt-il une qui préſente des motifs plus propres à influer ſur l'eſprit & ſur le cœur ? Elle éleve l'homme mortel juſqu'au trône de Dieu, & porte ſes eſpérances juſques dans l'éternité. Elle ne laiſſe à l'ame d'autre ſentiment que celui de l'importance, & de la grandeur de ſon objet ; & au cœur d'autre deſir que celui de remplir fidélement sa deſtination, & de faire du bien aux hommes. Cette patience qui conſidere les épreuves de cette vie comme des diſpenſations d'une providence ſage, aux yeux de laquelle la réſignation eſt le plus bel hommage; cette hauteur de penſées qui rend l'ame ſupérieure à tous les évenements; cette conſtance dans le bien qui eſt inébranlable; cet amour des hommes qui eſt le principe de ſociabilité, le plus noble, le plus actif, & le plus fécond. *Je vous donne un commandement nouveau, c'eſt de vous aimer les uns les autres. Il n'eſt point de plus grand amour que de donner ſa vie pour ſes amis.* Les amis de Jeſus-Chriſt étoient les hommes de tous les temps & de tous les lieux. La vengeance eſt la paſſion la plus antipathique avec l'eſprit ſocial. *Béniſſez ceux qui vous haïſſent.* Vengez-vous par des bienfaits. Pardonnez , & apportez votre offrande. L'enfant de Dieu ne peut être inacceſſible à la réconciliation & à la clémence. Il faut des objets aux affections d'un être ſenſible ; ne les mettez pas dans les tréſors de la terre, où vous n'êtes que pour quelques moments, mais dans ceux du Ciel votre patrie où vous vivrez éternellement. Il ne ſuffit pas de régler les actions extérieures. Dieu est esprit, & il faut que ceux qui l'adorent, l'adorent en esprit & en vérité. Il ne peut reposer que dans un cœur pur. Le crime pensé lui est aussi odieux que le crime commis : *celui qui regarde* une femme avec des yeux de convoitise, est coupable. Le pur spiritualisme ne convient pas à un être qui demande à être frappé par quelque chose d'extérieur. Le divin Légillateur a institué des cérémonies dont l'expression est exactement appropriée au but particulier de l'institution. Les loix ont besoin d'une sanction, parce que l'amour de soi-même, est dans l'homme pour qui elles sont faites, le mobile universel de toutes ses actions. Ce sont d'un côté des couronnes, des nôces, des torrents de volupté ; de l'autre des grincements de dents, un ver rongeur, un feu dévorant. Le pécheur peut encore acquérir & pratiquer la vertu. Il faut l'y encourager. Les miséricordes du Seigneur sont infinies. Il ne veut point la mort de l'impie. Il y a plus de joie au Ciel pour un pénitent, que pour plusieurs justes.

Xénophon, Socrate, Ciceron n'ont vu que l'aurore de la raison. L'Evangile assortit ses préceptes à la nature de cet

être

Être mixte qu'il veut exciter & retenir; en le rappellant à l'ordre moral, il le rappelle à la raison. Il tend directement à perfectionner tous ses sentiments. Il épuise tous ses devoirs, & les fait remonter à leur véritable source. Il enseigne toutes les vertus, défend tous les vices, combat toutes les passions. C'est une onction, une vérité, une simplicité, une force de sentiment & de pensée qu'on ne trouve nulle part ailleurs. Il en appelle à l'expérience, parce que le cœur de l'homme ne peut pratiquer ses préceptes sans en reconnoître l'équité, la sagesse & la douceur. Une société dont le principe est l'amour des hommes, la fin, leur bonheur, le mobile, l'approbation du souverain juge, l'espérance, la vie éternelle, la mettrai-je en parallele avec la troupe des Philosophes dont la doctrine est de tolérer les passions, nonseulement de les tolérer, mais de les approuver, & de les canoniser ? Quelle vertu que celle qui consiste à suivre son penchant, à flatter tous les sens, à associer la chair avec l'esprit, à être humain dans un climat, & cruel dans un autre, enfin, à retenir quelquefois la main, & à toujours abandonner le cœur. Les exemples de barbarie & d'impureté qu'elle préfente, ne peuvent être palliés par la pompe du ftyle qu'ils emploient. Si la multitude fe laiffe fafciner par leurs enchantements, *les ames honnêtes* les regarderont comme des forcenés qui ont élevé des autels au crime & creufé des tombeaux à la vertu.

Une Morale propre à perfectionner la nature de l'homme, & à faire le bonheur de la fociété: une révélation dont les dogmes, quoique fupérieurs aux lumieres de la raifon, ne leur font point contraires ; une révélation qui prefcrit un culte propre à nous imprimer, & à nous rappeller fans ceffe les devoirs facrés de la vertu ; une révélation qui prouve la Divinité de fon origine par la fageffe & l'utilité de fa doctrine, auffi bien que par un grand nombre de faits inconteftables, convient à l'homme qui a befoin d'être conduit par les fens & par la réflexion. Ce n'eft que par elle qu'il pourra atteindre le grand but de fon exiftence.

RELIGION.

LEs hommes fe font accordés à reconnoître un être fuprême qui foutient

avec l'homme des relations qui influent
fur leur état & fur leurs obligations.
De-là font nés tous les différents fyftêmes religieux. Les incrédules calomnient
la **Religion** Chrétienne en lui imputant
les défordres du fanatifme & de la fu-
perftition qu'elle condamne. Une **Reli-**
gion fondée fur l'exiftence d'un Dieu tout-
puiffant rémunérateur de la vertu, &
vengeur du crime, peut produire beaucoup de bien, & ne peut faire aucun
mal. Il faudroit tout abolir, s'il falloit
la détruire, parce que l'on en abufe. La
Religion comme tous les motifs repri-
mants ne ravit point la liberté de l'homme. C'eft par ces principes qu'il la faut
juger, & non par la conduite de ceux
qui les pervertiffent, ou qui s'en
écartent. Le vrai Philofophe ne confond
point les abus ou les fuites accidentelles
d'une chofe avec la chofe même. Ce
n'eft point le Chriftianifme qui a aiguifé
les poignards ou allumé les bûchers. Mettre fur fon compte les maux que le
fanatifme a faits au genre humain, feroit
auffi équitable que de charger la Philofophie, des inepties fans nombre qui
ont été enfeignées par les Philofophes.
Si *la Religion eft inutile, parce que fa voix*
ne peut fe faire entendre dans le tumulte

des sociétés ; (o) la raison eſt une faculté tout-à-fait inutile à l'homme, parce que ſa voix eſt ſouvent étouffée par celle des paſſions. Toutes les mauvaiſes actions ſont des violations formelles de la Religion. L'adorateur eſt vertueux, à meſure qu'il eſt ſincere dans ſon culte, & éclairé ſur ſa croyance. Les vices des Chrétiens ne ſont point ceux du Chriſtianiſme. Ce n'eſt point à la Philoſophie de prétendre que l'on doive rejetter une inſtitution avantageuſe, parce que l'on peut en abuſer. Une telle prétention n'eſt point philoſophique. On a ſçu couvrir du manteau de la Religion, toutes ſortes de forfaits ; mais quoiqu'il ſe conmmette des crimes malgré la raiſon, la morale & les loix, en faut-il conclure que la raiſon, la morale & les loix ſont la ſource de nos maux ? Que les peuples & les Pontifes oublient les enſeignements de la Religion, en ſubſiſteront-ils moins ? en ſeront-ils moins raiſonnables ? Mais pourquoi révéler les ombres du Sanctuaire ? Pourquoi les exagérer ? Les injures ſont le langage des paſ-

----

(o) Syſt. de la Nat. c. 10.

fions , & le langage des paffions décele une mauvaife caufe.

La Philofophie moderne ne doit sûrement pas fes conquêtes à la force de fes raifonnemens , ou à l'évidence de fes preuves. A peine trouvera-t-on dans le grand nombre de traits qu'elle a décochés contre le Chriftianifme , une difficulté qui mérite que l'on s'y arrête. Pourquoi donc a-t-elle trouvé des partifans ? C'eft que bien des gens , dit l'Auteur du Syftéme de la Nature , renoncent aux préjugés reçus , par vanité ou fur parole. Un voluptueux , un débauché enféveli dans la crapule, un ambitieux, un intriguant , un homme frivole & diffipé , une femme déréglée , un bel efprit à la mode, font-ils donc des perfonnages bien capables de juger d'une Religion qu'ils n'ont point approfondie , de fentir la force d'un argument, d'embraffer l'enfemble d'un fyftême ?

J. J. Rouffeau convient que nos Livres faints portent le fceau de la Divinité. L'élévation des penfées , & la majeftueufe fimplicité de l'expreffion ; la beauté, la pureté de la doctrine, l'importance, l'univerfalité & le petit nombre des préceptes ; leur admirable appropriation à la nature & aux befoins de

Ecritures.

D 3

l'homme ; l'ardente charité qui en presse
si généreusement l'observation ; l'onction
la force & la gravité du discours ; le sens
caché & vraiment philosophique, voilà
ce que l'on ne trouve point au même
degré dans aucune production de l'esprit humain. La candeur, l'ingénuité, la
modestie, cet oubli singulier d'eux-mêmes qui ne permet pas à ces écrivains
de mêler leur éloge au récit des grandes choses dont ils parlent ; voilà ce qui
prouve qu'ils ne cherchent pas à faire
briller leurs talents, mais à nous instruire de la vérité.

Il ne faut pas un grand effort d'esprit
pour admettre, ou rejetter au hazard
ce qui nous contredit, ou ce qui nous
choque. Jamais Philosophe ne se reposa
sur une simple négation ; mais il discute en critique éclairé, les pieces & les
faits qui doivent servir de régle à sa
croyance. Il paroît surprenant que l'Auteur du Christianisme dévoilé, & de
l'Examen important, refusent de reconnoître Moyse pour le Législateur des
Juifs, tandis que non-seulement sa nation, mais encore Diodore de Sicile,
Strabon & bien d'autres en conviennent.
Il est fâcheux pour le dernier, d'accuser
Jerémie d'avoir aidé Esdras dans la

compofition du Pentateuque, puifque
Jerémie étoit mort 130 ans avant l'arrivée
d'Efdras à Jerufalem. Un Anacronifme
de cette efpece, diminue beaucoup l'autorité du critique. Mais que prétendent
tous ces incrédules de contefter à Moyfe
fa qualité d'hiftorien, & d'infirmer l'au-
tenticité de fon hiftoire ? Philon le Pi-
thagoricien, Ariftobule le Péripatéticien
donnent les Hébreux pour le plus ancien de tous les peuples. Jofephe &
Jufte de Tibériade difent que Moyfe
fleuriffoit 150 ans avant Inach. Il exiftoit
400 ans avant Danaüs, & 1000 avant
la chûte de Priam. Eufebe qui ne le
met qu'au temps de Cécrops, c'eft-à-
dire, 1556 ans avant l'Ere Chrétienne,
fait voir qu'il étoit avant Homere, Hé-
fiode, Jupiter & tous les autres Dieux
& Heros tant vantés par les Auteurs
Grecs. Les anciens, felon Platon, étoient
profondement ignorants fur l'antiquité.
Hérodote eft nommé le Pere & le prince de l'hiftoire. L'Hiftorien qui paroîtra dans quatre mille ans, pourra-t-il
révoquer en doute, s'ils fubfiftent, les
monuments qui atteftent, & fur la foi
defquels nous croyons que Henri IV. a
regné ? Nos Philofophes oferoient-ils
difputer à Tacite & à Thucydide, les

hiſtoires qui portent leur nom ? Seroient-
ils recevables à nier les faits qu'ils rapportent, & contre leſquels les contemporains n'ont jamais réclamé ? Combien
plus eſt téméraire leur entrepriſe contre
un livre auquel les Juifs s'intéreſſoient
bien davantage que les Grecs à l'hiſtoire
du Péloponeſe ?

Un corps d'hiſtoire concernant un
peuple qui ſubſiſte encore, & qui porte
les titres de ſon origine dont le premier
anneau tient à celle du monde. Un enchaînement de faits les mieux atteſtés,
puiſqu'ils le ſont par le peuple qui les
a vus ; Un corps d'hiſtoire ſans lequel
celle des Chrétiens eſt inintelligible,
& avec lequel elle offre tout ce qui peut
ſatisfaire l'eſprit & le cœur, être rejetté
comme faux par gens d'hier ? Un corps
de Loix conſervé dans le temple avec tant
de ſoin, dont on faiſoit la lecture au
peuple avec tant d'exactitude, qui con-
tenoit les cérémonies néceſſaires au culte ; qui régloit tout, fêtes, ſacrifices,
actions publiques & particulieres, jugements, contrats, mariages, ſucceſſions,
funérailles, & qui le régloit ſi parfaitement que l'on n'y changea rien pendant
plus de 1400 ans, être cenſuré comme
mauvais par gens qui n'ont pas encore

propofé une faine maxime, ni fait connoître une feule vérité ! *Quid eft autem
quod tu non audeas ?* Cic. ad Marc. Ant.
Le bel ordre qui fe trouve dans ces livres !
Les derniers fuppofent la vérité des
premiers. Les livres des Rois, & ceux
des Prophetes parlent fans ceffe du Pentateuque. Le Dieu que Moyfe annonce
eft le même dont Ifaïe, & les livres
des Machabées publient les merveilles.
C'eft par-tout le Dieu d'Abraham, par-
tout la loi donnée fur le mont Sina.
L'uniformité des témoignages eft, dit
Jofephe, un caractere certain de la vérité de l'hiftoire. Il eft donc auffi infenfé
de nier l'hiftoire des Juifs, qu'il le feroit
de révoquer en doute leur exiftence
actuelle.

PAZZ. La Chronologie des Egyptiens
& des Chinois, eft beaucoup plus
ancienne que celle des Juifs.

ACCORT. Ecoutons Plutarque dans la
vie de Numa : » encore dit-il en parlant
» des premiers, que leur année ait été de
» quatre mois felon quelques Auteurs, elle
» n'étoit d'abord compofée que d'un feul,
» & ne conteoit que le cours d'une feule
» lune, & ainfi faifant d'un feul mois
» une année, cela eft caufe que le temps
» qui s'eft écoulé depuis leur origine,

» paroît extrêmement long , & bien qu'ils
» habitent nouvellement leur pays, ils
» paſſent pour les plus anciens de tous
» les peuples. »

Les Annales Chinoiſes nous apprennent que Chi-hoang-ti fit brûler 250 ans avant l'Ere Chrétienne , tous les livres , & détruiſit tous les monuments. Comment Freret peut-il ſoutenir que la Chine étoit peuplée & civiliſée 2155 avant J. C. ? Duhalde , qui a fait les recherches les plus exactes ſur l'Empire de la Chine , ne le fait commencer que long-temps après le déluge. Strabon , le plus judicieux des Ecrivains , nous aſſure que les Indes n'ont commencé à être un peu connues que vers le temps d'Alexandre , & qu'on ne peut pas même compter ſur les relations de ce temps-là. (p) Freret en convient , & l'Encyclopédie l'approuve. D'où je conclus que ces prétendues Hiſtoires ſont à reléguer parmi les fables , comme les calculs hypothétiques de Buffon , ſont à mettre au rang des ſavantes niaiſeries de l'eſprit humain.

PAZZ. Je ne diſpute point ſur l'hiſ-

(p) Geog. l. 15.

toire ; il me fuffit de lire au comm-
cement de la Genefe que Dieu fi.
lumiere avant le foleil , & que dans le
déluge les eaux furmonterent de qu'nze
cordées , la cime des plus hautes montagnes , pour rejetter ce livre comme fabuleux.

ACCORT. Un Ecolier de Phyfique fait
que la caufe de la lumiere , eft cette
portion de matiere que Dieu a douée
de l'activité , de la forme , & de toutes
les propriétés néceffaires pour opérer
les phénomenes lumineux. Cette lumiere
eft ailleurs que dans le foleil , puifqu'elle
éclaire dans les endroits ténébreux ou
le foleil ne peut pénétrer.

Les Annales des Peuples nous parlent
de quelques inondations particulieres ,
comme de celle de l'Attique, du temps
d'Ogygès ; de celle de la Theffalie ,
du temps de Deucalion ; d'une autre ,
arrivée du temps de Sifithrus. Mais un
déluge tel que celui dont parle Moyfe ,
eft un phenomene inexécutable , felon
les loix de la nature. Il n'en eft pas
moins réel. Nul fait ne doit nous étonner , lorfque nous remontons à la caufe
toute puiffante de tous les faits. Je n'ai
pas befoin du témoignage de Bérofe le
Chaldéen , de Nicolas de Damas , de

Jerome l'Egyptien , pour me convaincre de la réalité du déluge. Que les Egyptiens l'ayent cru univerfel ; (q) que les Chinois en parlent. ; (r) que les Indiens en foient perfuadés ; (ſ) que les Américains en ayent apperçu des veftiges ; (t) que Pline le regarde comme certain pour l'Italie ; tous ces fuffrages ne déterminent point le mien. Il étoit & devoit être déterminé par le récit de l'Ecriture antérieure à tous ces monuments. Les difficultés que les Philofophes y oppofent férieufement, font plus rifibles qu'embarraffantes. Calculer ce qu'un orage verfe d'eau fur la terre ; mefurer la capacité & la hauteur du globe ; fonder la profondeur de la mer , & pour réfultat de cette laborieufe opération, conclure l'impoſſibilité du déluge, y penfoit-il le Philofophe du *bon fens* ? Tous cês calculs font en pure perte. Il defcend dans les gouffres de la mer ; il toife les plus hautes montagnes ; & ce n'eft point là ce dont il s'agit. On lui

---

(q) Diod. l. 1.
(r) Hiſt. Siniæ. l. 1. p. 1æ.
(ſ) L. 6. c. 5.
(t) De orig. Gent. Amer. t. 1. p. 115.

dit que les fources du grand abyme furent ouvertes , que toutes les cataractes
fe répandirent fur la terre par torrents ,
(v) & il s'arrête à évaluer une pluie
d'orage ! Ce font ces grands réfervoirs
fufpendus fur nos têtes , dont il falloit
apprécier la continence. Sait-il la quan-
tité d'eau qu'ils renferment ? Et il dif-
pute à celui qui affemble les nues & les
tempêtes , la puiffance de changer notre
atmofphere en mer ?

Il eft bien fingulier que les Philofophes ne puiffent admettre ce phéno-
mene , lorfqu'ils exigent que nous con-
cevions que dans une contrée les eaux
ayent furmonté de quinze coudées la
cime des plus hautes montagnes , fans
fe répandre fur les contrées voifines ?
C'eft-à-dire que pour nous détourner
de croire aux miracles de Dieu , qui
font toujours réglés par fa fageffe , ils
nous propofent à croire des merveilles
phyfiquememt incroyables.

Pour répondre aux autres difficultés
que les Philofophes ont puifées dans
les Commentaires , nous renvoyons le
Lecteur aux Commentateurs. Il nous fuf-

(v) Obrutis omnibus terris cœlo ipfo in terram ruente,
Senec.

fit d'avertir ici qu'il y a dans les Écritures , des endroits difficiles à expliquer,
des altérations dans le texte, de la différence dans les versions , & beaucoup
d'embarras que les copistes y ont mis ,
depuis que la langue dans laquelle elles
ont été écrites , a cessé d'être commune.
Cet embarras vient du laconisme & de
la stérilité des anciennes Langues , de
la singularité des mœurs du premier âge
du monde , du génie particulier des anciens Orientaux , de l'allusion conti-
nuelle à des discours & des usages qui
ne subsistent plus. Ce livre a passé par
tant de mains , qu'il a pu s'y glisser des
fautes de copistes , un mot à la place
d'un autre, un chiffre de plus ou de moins,
&c. Le Nouveau Testament n'est pas
lui-même sans ces erreurs de copistes ,
dont abusent les Philosophes , pour le
mettre avec l'Ancien au rang des livres
apocryphes ou fabuleux.

La vie du Seigneur étoit si belle , dit
Beausobre , (u) son caractere si sublime
& si divin , sa doctrine si excellente ,
ses miracles si éclatants , que plusieurs
Ecrivains entreprirent d'en composer des

(u) Disc. sur l'autentic.

Mémoires. Il eſt vrai que les Hérétiques
nioient que J. C. eût un corps ſembla-
ble au nôtre , & que ſa mort & ſa ré-
ſurrection euſſent été réelles , mais en
cela ils rendoient témoignage à la ré-
ſurrection ; puiſque leur héréſie ne con-
ſiſtoit pas à la nier, mais à l'expliquer
par des apparences. Après 17 ſiecles
on ſe met à entaſſer doutes ſur doutes ,
contre des faits que les contemporains
de tous les partis, plus intéreſſés encore à s'aſſurer du vrai , & plus à por-
tée de le faire, n'ont ni contredit , ni
pu contredire. Chaque ſemaine on liſoit
les écrits dans les aſſemblées. Cette ſociété étoit ſi éloignée d'admettre lége-
rement pour authentiques des écrits qui
ne l'étoient point , qu'elle avoit long-
temps ſuſpecté l'authenticité de divers
écrits qui le ſont. Origene & Euſebe diſ-
tinguoient des écrits authentiques, apocryphes & mixtes. Il n'eſt aucun temps
auquel on puiſſe rapporter la ſuppoſition
prétendue des nôtres. Nous pouvons ,
avec Ditton , (x) partager les ſiecles
de l'Egliſe en pluſieurs périodes ; la premiere, depuis les Apôtres juſqu'à Conſ-

---

(x) T. 2. p. 46.

tantin ; La deuxieme, depuis ce Prince juſqu'à la domination temporelle des Papes ; la troiſieme, depuis cette époque juſqu'à celle de l'Imprimerie ; or il n'eſt aucune de ces générations qui puiſſe favoriſer le moindre ſoupçon contre la certitude du témoignage écrit. Au tems de la perſécution, les Fideles ne ſavoient que mourir pour la défenſe de la vérité. Dans les diſputes qui diviſerent les Chrétiens, les contendants réclamerent toujours le dépôt ſacré. Les Chrétiens voyoient dans les écritures, les promeſſes d'une meilleure vie ; ils y cherchoient les conſolations que la perſécution leur rendoit ſi néceſſaire. Ils connoiſſoient les Auteurs de ces livres qui leur étoient particuliérement adreſ-ſés, & dans leſquels les Apôtres répon-doient aux queſtions qu'ils leur avoient propoſées. A la premiere conteſtation ils recouroient aux écritures, qu'ils re-gardoient comme authentiques, parce qu'ils avoient ſous les yeux les preuves de leur authenticité.

PAZZ. Ils adopterent une infinité de faux Evangiles, qui ſe répandirent dans le monde. Leur crédulité pour ceux-ci, ne rend-elle pas ſuſpecte l'authenticité des autres ?

ACCORT. Nullement. Les Fideles con-
vaincus de l'infaillible certitude des livres des Apôtres, reçurent fans examen,
des écrits apocryphes qui n'étoient qu'une
copie de ceux qu'ils favoient être authentiques. Ils y ajouterent foi, parce qu'ils
étoient conformes aux faits. Toute la
différence, dit Fabricius, confiftoit dans
quelques particularités de la vie de J. C.
qui étoient ou retranchées ou ajoutées,
dans quelques paroles ou fentences at-
tribuées à J. C. (y)

PAZZ. Il regne dans les Evangiles un
défordre, une obfcurité, une barbarie
de ftyle très-propre à dérouter les ignorants, & à repouffer les perfonnes éclairées. (z) Ils ne viennent donc pas de
Dieu.

ACCORT. L'obfcurité d'un livre ne
conclut point contre fon authenticité. Les
Chinois conviennent que leurs livres dont
ils refpectent l'ancienneté, font inintelligibles. D'ailleurs nous n'entendons pas
prouver la Religion par ce qu'il peut y
avoir d'obfcur dans le témoignage. Ceux
qui l'attaquent par ce qu'elle a de moins

____

(y) Notice des Evang. apocyrp,
(z) Hift. critiq. de J. C..

clair , rendent un hommage tacite à ce qu'elle a d'évident.

Le défaut de style est sensible. Il est hérissé de parenthèses. Les Hébraïsmes y sont fréquents. Le Grec n'est pas pur. Mais est-ce dans les phrases , ou dans les choses , dans la pureté des maximes ou dans de jolies contradictions, que consiste l'éloquence ?

Eloquio victi re vincimus ipsâ.

Démosthene ne s'attache point au langage. Il pense & s'abandonne ensuite à l'enthousiasme dont il est pénétré. Pour de légeres difficultés on ne doit pas rejetter un livre qui porte avec lui des caracteres de vérités, & du plus grand intérêt. Ces difficultés apparentes indiquent assez que les Auteurs ne se sont pas copiés, & que chacun a rapporté ce qu'il savoit par lui-même, ou ce qu'il avoit appris des témoins oculaires. *Ce que nous avons oui, ce que nous avons vû de nos yeux , ce que nous avons contemplé , & ce que nos mains ont touché touchant la parole de vie , nous vous l'annonçons.* Ep. 1. 1. Joan. La doctrine de l'Ecriture dépose hautement en faveur des Ecrivains sacrés. Elle transporte , elle pénétre dans les plus intimes replis du cœur. Il est vrai que le Docteur Mille y compte plus de trente mille variantes , mais il n'en est pas une qui tombe sur la substance des choses. C'est un mot substitué à un autre , plusieurs mots transposés ou omis, ou qui ont passé de la marge dans le texte. Légers défauts , communs à tous les livres de l'antiquité , & qui ne forment point de ces contradictions essentielles, capables de faire soupçonner l'imposture & l'erreur.

Nous avons déjà fait voir que l'incompréhensibilité étant commune à tous les objets de nos pensées , elle ne peut rien prouver contre la vérité d'un système quelconque. Des mysteres impénétrables nous environnent de toutes parts. Nous voyons les effets , nous ne savons comment agissent les premiers principes. Ce sera la matiere subtile en Descartes , l'attraction en Newton, les atomes & les petits vuides en Gassendi. Ces grands Physiciens n'ont pu se réunir sur la question du vuide qui paroît si simple au premier coup d'œil. Je ferois un catalogue immense des mysteres qui sont dans la nature. Combien la Religion naturelle elle-même , que nos Philosophes se vantent de suivre & d'enseigner, n'en renferme-t-elle pas ? De quel droit les incrédules du jour ofent-ils donc reprocher au Chriftianifme les fiens ? Si les objets de la nature que nous voyons, que nous palpons, nous préfentent une foule de difficultés infurmontables, comment peut-on exiger que la Divinité fe rétréciffe, & fe réduife à la mefure de notre foible intelligence ? Eft-il étonnant qu'une révélation divine propofe des dogmes myftérieux ? Ne le feroit-il pas au contraire qu'ayant pour objet ou l'effence divine, ou les droits de la Divinité, elle n'enfeignât rien que nous ne compriffions parfaitement ? Qui entreprendra de foutenir que tout doit-être évidence dans la nature & dans la grace ? Que pouvons-nous defirer de plus qu'une portion de lumieres fuffifantes pour nous conduire fûrement, des motifs certains pour nous foutenir dans la voie du bonheur, & une efpérance ferme pour nous exciter à remplir notre deffinée ? Puis-je me plaindre des ténebres dont la Religion couvre la fublimité de fes dogmes, lorfqu'elle me les perfuade par des moyens fimples, proportionnés à ma foible raifon, & dignes de la majefté de celui qui fe communique à moi ? Dois-je rejetter ce qu'il y a d'évident, parce qu'il eft accompa-

gné de notions impénétrables ? Je ferai
donc réduit à nier tout , & à ne rien
croire. Suppofer de la contradiction dans
nos myfteres , c'eft parler fans s'entendre. Comment appercevoir de la contradiction dans ce que l'on ne connoît pas
diftinctement ? La contradiction eft une
oppofition évidente entre des idés claires qui s'excluent néceffairement. Les
idées tranfcendantes de nos myfteres ,
ne font ni claires , ni diftinctes ; on ne
peut donc en démontrer la contradiction.
C'eft à Dieu de fixer nos idées fur ces
objets qu'il eft impoffible à la raifon de
faifir. Il n'y a que lui qui puiffe révéler
des myfteres. Ce qui eft au-deffus de
la raifon , ne peut être le fujet de fes
découvertes. Il n'y a que lui qui puiffe perfuader des myfteres ; parce que ce qui
eft incompréhenfible , ne peut être perfuadé par l'homme.

PAZZ. On ne me perfuadera jamais
des myfteres contradictoires. Celui de la
Trinité , par exemple , ne détruit-il pas
l'axiome : deux chofes égales à un tiers ,
font égales entr'elles ? La tranfubftantia-
tion ne fuppofe-t-elle pas des accidents
fans fubftances , ce qui eft phyfiquement
impoffible ?

ACCORT. On ne peut dire que ces

dogmes si supérieurs à notre intelligence soient contraires aux axiomes ; autrement ils seroient vrais & faux en même temps. Le mystere de la Trinité n'empêche pas que deux choses égales à un tiers, ne soient égales entr'elles , parce que les trois Personnes divines sont égales en essence , & ne different qu'en relation. Il ne s'agit point de la comparaison de deux à un troisieme, pour juger de l'égalité ou de l'inégalité , dans un dogme qui enseigne une identité de nature, & une distinction de personnes.

Le mystere de la Transubstantiation ne contredit pas davantage les premieres vérités, parce qu'il n'y a point d'axiome qui empêche de croire qu'une substance est changée dans une autre , sans que cette transubstantiation s'étende aux accidents. Une substance est indépendante des formes accidentelles , & des qualités sensibles qui l'accompagnent. Un corps peut de blanc devenir noir, de rond ovale , & rester le même corps. La chymie tous les jours sépare les parties substantielles & élémentaires , des accidents qui n'ont qu'une consistance apparente. On connoît l'art de donner à des êtres factices , tout ce qui caractérise des êtres réels. Le Corps de J. C.

réduit aux éléments purs de son essence, peut donc subsister sous les accidents du pain.

Les incrédules en imposent, quand ils nous reprochent de ne pas insister sur les mystères, & de passer légérement sur ces objets de notre Religion, comme s'ils en étoient la partie foible, & que nous eussions à redouter les conséquences qu'ils en tirent. Nous convenons tous que le Christianisme a ses obscurités, que l'Écriture a des profondeurs que l'on entreprendroit en vain de sonder ; que dans l'intelligence des plus grandes vérités, il y a un point où il faut s'arrêter, & des bornes que la raison seroit téméraire de vouloir franchir.

PAZZ.. C'est-à-dire, que pour avoir la foi, il faut renoncer à la raison ?

ACCORT. Disons plutôt qu'il faut renoncer au bon sens & à la raison, pour refuser de croire les vérités de la foi. Ce qui appartient à la Divinité, ne peut être entiérement renfermé dans la sphere de l'esprit créé. Il restera toujours des énigmes ; parce que le créateur étant infini, & la créature finie, il doit nécessairement y avoir un intervalle immense entre lui & nous. Vouloir le concentrer dans nos foibles conceptions, c'est l'anéantir , & entreprendre follemement, en s'élevant jufqu'à lui , d'ufurper fon être incommunicable. Voilà ce que me dicte la faine raifon : & lorfqu'en tremblant , elle s'approche de ce Trône dont elle ne peut atteindre la fublimité, elle eft éblouie , elle s'égare ; des torrents de gloire & de lumiere lui font fentir fes bornes & fon infuffifance. Cette raifon qui me défend de pénétrer ce qui par fa nature eft impénétrable , m'engage à croire ce qui eft néceffairement vrai. Dieu qui a donné à l'homme l'intelligence , a voulu qu'il lui en fît hommage , en la foumettant à la manifeftation de fa vérité. Ma raifon n'eft plus en peine que d'apprendre ce que Dieu lui a révélé. On lui propofe de grands myfteres. Ce qui l'arrête n'eft pas leur incompréhenfibilité, c'eft de favoir s'ils viennent de Dieu. Ici elle marche au grand jour. L'evidence la guide. Elle fait infailliblement que Dieu feul peut pénétrer dans l'avenir , dire fûrement qu'une chofe fera , lorfqu'elle dépend du concours d'une infinité de caufes libres ; révéler les intentions les plus cachées , favoir mieux ce qui fe paffe dans la volonté de l'homme , que l'homme même. Elle fait avec la même certitude

qu'il

qu'il n'appartient qu'à Dieu de changer l'ordre de la nature , de soumettre les élémens à sa volonté toute-puissante , de commander à la mort. Or , c'est à ces caractères qu'elle reconnoît l'envoyé : plus de difficulté. Je demande la loi qu'il m'a laissée. Je ne dispute plus sur la soumission qu'elle exige. Je ne veux que m'instruire des devoirs qu'elle prescrit. Il se présente des doutes. Le Législateur y a pourvu. Il a , dans sa république, distingué une classe particulière d'hommes chargés du dépôt sacré. Sujets à la surprise par la foiblesse de leur nature , il les éclaire de la lumiere de son esprit. Il leur assure tous les privileges de sa vérité infaillible , rélativement à la pureté du dépôt. Je conçois cette nécessité d'une inspiration ou d'une assistance particuliere , pour résoudre les controverses , terminer les disputes , réunir les esprits. Elle entre absolument dans le plan & l'économie de l'institution divine. Je ne puis troubler cet ordre établi spécialement pour moi, en me révoltant contre l'autorité légitime. Mon obéissance est l'aveu de la sagesse & de la raison. Je me soumets. J'adore. Je crois ce qui est obscur , aussi fermement que ce qui est clair. Ma rai-

E

fon n'eſt ni la cauſe ni le motif de ma foi , c'eſt l'autorité divine ; mais c'eſt ma raiſon qui ſe rend d'elle-même à une autorité dont on ne peut ſecouer le joug , ſans choquer le bon ſens autant que la Religion.

Cela poſé , nous ne rougiſſons pas d'avouer que nous ne pouvons rien faire de plus que d'expoſer les myſteres tels que la Religion les énonce , parce que les myſteres ſont l'objet de notre foi, & n'en ſont pas la preuve. Il s'agit de perſuader à l'incrédule la vérité du Chriſ-tianiſme, avant que de lui en apprendre les dogmes. Les myſteres ne fourniſſent point de démonſtration. Ils ne peuvent ni éclairer , ni convaincre la raiſon , parce qu'ils ſont infiniment au-deſſus d'elle. Ainſi après en avoir écarté les idées acceſſoires , qui en rendent la croyance plus difficile , nous avons re-cours à d'autres armes que le Philoſo-phe incrédule redouta toujours , parce qu'il en fut toujours terraſſé. Nous ne diſons pas , ayez la foi , parce qu'elle enſeigne un enfer ; mais croyez un en-fer , parce que la foi que vous devez avoir , ſi vous êtes raiſonnable , l'enſei-gne. Croyez à la Religion Chrétienne quoique myſtérieuſe , parce que les moyens employés à vous en perfuader les grandes vérités, portent évidemment l'empreinte d'une fageſſe & d'une puiſ-fance divine. Vous ne combattez ces vérités que parce que vous refuſez opiniâ-trément de les enviſager du côté qu'elles font le plus fenſibles. Enfants de Lyncée (a) pour qui la nature femble avoir levé tous ſes voiles, expliquez-nous en les phénomenes. Dites-nous ce qu'eſt votre ame, ce qu'eſt votre corps. Faites-nous comprendre cet eſprit univerſel ré-pandu dans toute la maſſe, incorporé, identifié avec elle ; la mortalité de l'ame, & tant d'autres abſurdités qui entrent dans le fyſtême infenſé que vous prétendez fubftituer au nôtre. Jamais Chrétien n'a allégué ſes myſteres en preuve de ſa Religion. Pourquoi donc diſſertez-vous ſans fin ſur ce ſujet ? Pourquoi perdre le temps à en vouloir montrer l'oppo-ſition prétendue avec la raiſon humaine à qui il eſt impoſſible d'y atteindre ? Ce n'eſt point là notre queſtion. Les preu-ves victorieuſes de notre ſainte Reli-

____

(a) Lyncée, fils d'Aphareus, avoit trouvé les métaux, c'eſt pourquoi on diſoit de lui qu'il avoit de ſi bons yeux, qu'il voyoit dans les entrailles de la terre.

gion, ce font elles que nous vous prions de difcuter. Ne blafphémez plus des myfteres que vous ignorez. Fixez-vous fur les motifs qui nous porte à les croire. Ou ces motifs font fuffifants , ou ils ne le font pas : fi vous les jugez fuffifants, refpectez notre foi ; s'ils ne vous paroiffent pas tels , faites-nous en voir le foible.

Prophéties. La révélation des chofes futures, eft une action de Dieu, par laquelle il communique à fa créature, la connoiffance de certains événements, qu'elle ne pourroit connoître par les feuls efforts de la raifoh. Tous les Peuples ont eu leurs prophetes , leurs devins & leurs augures, qu'ils croyoient particuliérement infpirés. Les Affyriens , les Medes , les Perfes , les Macédoniens , les Egypciens, les Carthaginois , les Romains confultoient leurs oracles avant les entreprifes importantes , & refpectoient beaucoup leurs réponfes, parce qu'ils partoient d'un principe vrai , favoir que la connoiffance des chofes futures eft l'appanage & le fceau inaliénable de la Divinité. Dieu feul eft, en effet, le Roi des temps. Il n'y a pour lui ni paffé , ni avenir. *Découvrez-nous ce qui doit arriver ,* difoit Ifaïe à ceux qui fe prétendoient favorifés du don de prophétie, *& nous reconnoîtrons que vous êtes des Dieux*. Il falloit bien que les Devins du Paganifme n'euffent pas ce privilege dont ils fe vantoient, puifque les Sages d'entre les Payens, méprifoient leurs prédictions. Œnomaüs, trompé par un Oracle d'Appollon, compofa un Dif-cours où il faifoit l'énumération de la cruauté, de l'ignorance, de la fauffeté, ou de l'inutilité des oracles. Démofthene penfoit que s'étoit dégrader fa raifon, que de fe régler fur des fignes fi fri-voles. L'aliénation d'efprit qui accom-pagnoit ordinairement ces réponfes obf-cures, révoltoit les perfonnes honnêtes & éclairées. De quelle autorité, difoit Cicéron, peut donc être cette fureur que vous appellez divine ? Ce que le fage ne peut voir avec toute la féré-nité de fes lumieres, un infenfé le ver-ra dans le tumulte de fes efprits ? Il en-trera en partage du plus grand Privile-ge de la Divinité ? La Prêtreffe, en effet, l'écume à la bouche, la fureur dans les yeux, donnoit des réponfes équivoques qui ne marquoient rien de certain. Créfus la quitte fans favoir fi elle a prédit fa victoire ou fa défaite. Il y a eu cependant des Oracles tels

E 3

que celui qui regarde Trajan, dans lefquels nous admettrons fans peine plus de lumiere & de certitude ; mais foit, comme l'obferve Tertullien , qu'ils ayent été infpirés par les démons , qui, par la facilité qu'ils ont de fe tranfporter dans un clin d'œil en différents lieux , ont pu apprendre dans un pays ce qui fe paffoit dans un autre très-éloigné ; foit que ces prédictions ayent été du reffort des conjectures naturelles, nous ne voyons pas quelle conféquence on peut tirer d'un oracle véritable , mais fans objet , entre mille qui ont été faux.

Nos Prophetes étoient de faints perfonnages , qui voyoient les chofes qui feroient, comme celles qui font ; qui marquoient le temps , le lieu & les circonftances de chaque événement , qui l'annonçoient en termes clairs & affirmatifs. Toujours maîtres d'eux-mêmes , c'étoit avec autant de tranquillité que de précifion, qu'ils traçoient l'hiftoire anticipée des merveilles les plus étonnantes. Leur miffion , ils la prouvoient toujours par des miracles. Sa fin principale étoit la fanctification du peuple , vers qui ils étoient envoyés. Les Devins du Paganifme au contraire reffembloient à des maniaques , & non à des hommes di-

vinement infpirés. Leurs réponfes énig-
matiques démontroient affez leur ignorance des chofes futures. Leur but
n'étoit pas de corriger les mœurs, mais
de féduire les hommes.

» Qu'on amene , difoit Tertullien
» aux Magiftrats, quelqu'un de ceux qui
» ouvrent la bouche fur les Autels, qui
» reçoit la divinité avec la fumée, qui
» parle avec effort , & fi la Déeffe
» Céleftis , qui préfide à la pluie , fi
» Efculape , Auteur de la Médecine ,
» fi tous ces Dieux ne confeffent pas
» qu'ils font des démons , parce qu'ils
» n'ofent mentir à un Chrétien , que
» l'on répande fur le champ le fang de
» ce Chrétien impudent. Puis-je , ajoute
» cet ardent Apologifte , vous donner
» une preuve plus évidente , & où la
» vérité éclate avec plus de fimplicité ?
» Vous direz que cela fe fait par ar-
» tifice, fi vos yeux & vos oreilles vous
» permettent de le croire. » Il a toujours été facile aux Nations idolâtres ,
de reconoître l'impofture & l'ignorance
de leurs oracles. C'eft être rempli de
mauvaife foi , ou bien peu verfé dans
cette partie de l'hiftoire , que de les
comparer avec les nôtres. Un Philofophe n'y devroit appercevoir d'intéref-

fant que l'avantage qui en revient à la Religion Chrétienne , dont on ne s'efforce d'imiter les merveilles, que parce qu'on les croit poffibles & réelles ; comme l'on ne fait de la fauffe monnoie, que parce que l'on fait qu'il y en a de bonne.

Le livre regardé comme authentique, par les ennemis de J. C. & de fes Difciples , contient une hiftoire anticipée & circonftanciée du Meffie ; fes traits, fon caractere , & les principales particularités de fa vie. Il n'y a rien de grand qu'ils n'ayent dit de fon regne. L'un voit la plus petite Ville de Juda, illuftrée par fa naiffance ; l'autre, la tige dont il doit fortir , la virginité de fa Mere , un Dieu avec nous ; celui - ci voit des Rois conduits par un aftre extraordinaire , venir apporter à fes pieds les tréfors de l'Orient ; celui-là le voit entrer dans fon temple ; l'un le voit prêcher l'Evangile aux pauvres , annoncer la délivrance aux captifs, publier les miféricordes & la juftice de Dieu; cet autre voit fon entrée triomphante à Jérufalem , & un autre annonce la gloire de fon tombeau , & fa conquête des Gentils qu'il attache à fon char. Ces Prophetes, en publiant fes grandeurs, ne diffimulent pas fes opprobres. Ils l'ont vu vendre trente pieces d'argent. Ils l'ont vu méprisé comme le dernier des hommes, défiguré par ses plaies, & par-là guérissant les nôtres, abandonné de ses disciples, conduit au supplice, mis au nombre des scélérats, abreuvé de fiel & de vinaigre, les pieds & les mains percées, insulté par ses ennemis, sa robe jettée au sort. Non seulement ils l'ont annoncé dans leurs écrits, mais encore ils l'ont représenté dans leur personne. Isaïe a été la risée des peuples & des Rois, Elie toujours persécuté, Jérémie affligé, Zacharie lapidé. Toutes les prophéties, tout le corps des anciennes écritures, toutes les révolutions de l'Etat Judaïque, toutes les loix, toutes les cérémonies de l'ancienne alliance, ne menoient qu'à J. C., n'annonçoient que J. C., ne figuroient que J. C. Il étoit dans Adam le pere de la postérité des Saints; innocent, Vierge & Martyr dans Abel; réparateur de l'univers dans Noë; béni en Abraham; souverain Prêtre en Melchisedech; volontairement offert en Isaac; chef des élus en Jacob; vendu par ses freres dans Joseph; voyageur & fugitif, puissant en œuvres & législateur en Moyse; souffrant & abandonné dans

Job ; vainqueur en David , & Roi des Peuples ; pacifique en Salomon , & confécrateur d'un nouveau Temple ; enféveli & reffufcitant dans Jonas , image naïve de fa fin & de fon retour à la vie. Les Tables de la loi , la manne du défert, la colonne lumineufe , le ferpent d'airain , la Pàque , étoient le fymbole de fes dons & de fa gloire. Si ces prédictions étoient mêlées d'ombres dans le temps où elles ont été faites, peut-on aujourd'hui fe refufer à la lumiere que l'événement a répandu fur leur exacte conformité avec celui qui en étoit l'objet ? La co-incidence de tant & de fi divers traits , porte-t-elle l'empreinte d'une caufe aveugle ?

On lit dans la Paraphrafe d'Onzelos, qui vivoit avant J. C. , *qu'il y aura toujours dans Juda , quelqu'un qui dominera jufqu'à ce que le Meffie arrive.* Dans la Paraphrafe de Jonathan, *que les Rois ne cefferont point dans Juda , jufqu'à ce que vienne le Meffie Roi.* Dans le Thalmud de Jérufalem , au traité du Sanhedrin, on lit que » 40 ans avant la deftruction » du Temple, les juges furent chaffés » du Confiftoire Garith , & on leur ôta » le pouvoir de juger à mort. Alors ils » s'arracherent les cheveux , difant mal-

» heur à nous, parce que le sceptre
» a ceſſé dans Juda, & que le fils de
» David, c'eſt-à-dire le Meſſie, n'eſt
» pas encore venu. » Tacite & Suétone
diſent, que du Temps de Jeſus on at-
tendoit le Meſſie, & que le bruit s'en
répandit non ſeulement dans la Paleſtine, mais dans l'Orient & à Rome même.

PAZZ. Si les propheties ſont ſi claires, pourquoi n'a-t-on pu encore fixer
les ſemaines de Daniel?

ACCORT. Pourquoi le génie philoſo-
phiſte s'attache-t-il par préférence à ce
qu'il peut y avoir d'obſcur & d'iſolé
dans une preuve? En partant de l'Edit
énoncé dans l'Oracle qu'Artaxerxès de
Longue-main, accorda à Eſdras, qui
fut la derniere parole pour le rétabliſ-
ſement de cette Nation, on trouve mois
par mois 490 ans, qui font préciſément
les 70 ſemaines aprèsleſquelles le Chriſt
devoit, & fut en effet mis à mort.

PAZZ. Qui m'aſſurera que ces Prophéties n'ont pas été ſuppoſées & fabri-
quées après coup, pour donner à la Religion du Chriſt, un air merveilleux &
extraordinaire?

ACCORT. Quels ſeroient les Auteurs
de la ſuppoſition? les Chrétiens? Ces

prophéties exiſtoient pluſieurs ſiecles avant eux. Les Juifs ? par quel motif auroient-ils fabriqué des piéces qui les convainquent d'un énorme déicide ? Ils n'auroient pu d'ailleurs exécuter ce projet, s'ils avoient été aſſez inſenſés pour le concevoir. Les Juifs d'Aléxandrie firent une Verſion Grecque ſous Ptolomée Philadelphe. Cette verſion contient les mémes oracles que le texte original. Dans le cas d'une addition auſſi importante, la Nation Juive n'auroit-elle pas réclamé contre une impoſture ſi facile à découvrir, ſi facile à détruire ? Fut-il jamais un mortel capable d'imaginer des faits auſſi étonnants, & en apparence auſſi contradictoires ? Dire que ces prophéties ont été inventées, interpolées, c'eſt-à-dire, que l'hiſtoire des Juifs n'eſt qu'un roman, car elle eſt toute prophétique, non ſeulement dans ce qui regarde Iſraël & Juda, mais encore par rapport aux autres Nations. Ninive, Babylone, l'Egypte, l'Ethiopie, l'Arabie, la Paleſtine, Tyr, Rome, toutes les révolutions de ces Villes & de ces empires ont été annoncées avec la même préciſion que la deſtinée de Jéruſalem & de Samarie. Il n'y a rien de plus clair que la prédiction de Daniel, qui concerne les quatre grands Empires des Babyloniens, des Medes, des Perses, & des Romains, après lesquels Dieu en devoit susciter un autre qui ne seroit jamais détruit. Cyrus vit son nom écrit plus de 200 ans avant qu'il parut dans le monde, & apprit que Dieu l'avoit réservé pour rebâtir son Temple, & pour rendre la liberté à son peuple. On apperçoit par-tout une liaison intime entre les Prophéties, & les époques principales des faits historiques. L'histoire elle-même n'est qu'une prophétie, & l'exécution des prophéties relatives aux victoires & à la captivité des Juifs, au sort des Empires avec lesquels ils ont eu des rapports successifs ; enfin au Libérateur qui devoit réunir dans une même alliance le Juif & le Gentil. Comment lier après-coup les prophéties avec l'histoire des Juifs & des Peuples leurs voisins, puisque l'oracle & l'événement composent le même corps historique, & forment le même contexte ? Comment varier le style & l'accommoder aux personnages & aux usages des différents siecles ? Il y a plus de distance d'Amos à Isaïe, que de Séneque à Cicéron. Les Monuments publics, les noms donnés aux lieux où les choses s'étoient pas-

fées ; ces Cantiques , ces folemnités ,
la Pâque , la Pentecôte , les Taberna-
cles , la Verge d'Aaron , les Tables de
la Loi , la Manne , la Circoncifion , la
Conftitution du Gouvernement , les
Loix , les Fêtes , les Cérémonies ,
tout étoit prophétie. Tout annonçoit
ce que nous voyons. Tout par conféquent doit être rejetté , ou tout doit
être admis.

Je ne veux point étaler une érudition
vague , en faifant valoir le fuffrage des
Écrivains profanes , qui parlent des Juifs
& de leurs Loix ; d'un Chérémon , d'un
Diodore de Sicile , d'un Trogue-Pom-
pée , d'un Strabon , d'un Tacite , d'un
Lucien , d'un Juvénal , &c. Je ne m'ar-
rêterai point aux menues difficultés que
l'on forme contre certains termes de
quelques-unes de leurs prophéties. Je
réduis la queftion à un mot. L'enfemble
des prophéties eft fous les yeux de nos
Philofophes. Qu'ils nous prouvent d'une
maniere directe ou qu'elles font controu-
vées , ou qu'elles ont pu exifter fans inf-
piration divine. Voilà le point capital
d'où dépend la décifion du tout.

Miracles. Le miracle eft une fufpenfion , ou une
difpenfation des loix ordinaires de la
nature. Le caractere de ces loix , eft

.d'être conſtantes & uniformes , ſans êre eſſentiellement immuables. Si celui qui les a établies ne pouvoit ni les interrompre , ni les changer , l'ouvrier ſeroit aſ-ſujetti à ſon ouvrage. Or nous voyons dans l'univers des traits ſans nombre de la liberté & de l'indépendance de ſon auteur. Le Créateur des loix arbitraires de la nature , n'a donc point entendu aliéner ſes droits. Le Légiſlateur de l'univers n'a point voulu s'en rendre l'eſclave. S'il a enchaîné les éléments , il peut à ſon gré briſer la chaîne qu'il a formée, ſans préjudice de l'ordre général , & du jeu de la machine. En diſpoſant des êtres qui ſont ſous ſa dépendance , il ne perd rien de ſon immutabilité. Ce n'eſt point lui qui change , ce ſont les choſes qui dépendent de lui. J. J. Rouſſeau a raiſon , quand il prétend que l'on doit enfermer ceux qui enſeignent qu'un miracle eſt impoſſible.

Quoique nous ne connoiſſions pas tous les reſſorts des cauſes ſecondes , nous en ſavons aſſez pour être perſuadés que certains faits ne tiennent point au cours réglé de la nature ; qu'ils ſont une exception à ſes loix les plus communes , & qu'ils n'ont d'autre cauſe que l'action immédiate de ſon auteur. Il y en a de si extrarodinaires que personne n'est tenté de les croire renfermés dans la sphere d'activité des loix communes & ordinaires. Ces faits sont le moyen le plus proportionné, & la preuve la plus simple, la plus tranchante & la plus propre à nous convaincre. Entreprendre de persuader une doctrine par des raisonnements suivis, c'est choisir un moyen lent, épineux, & qui ne convient qu'à un très-petit nombre d'hommes capables de saisir le rapport des idées entr'elles. Mais dire en preuve des vérités que l'on annonce, *Paralitique, sois guéri*, *Lazare, sors du tombeau*, c'est persuader. De tels faits sont l'expression physique de la volonté divine, bien différents de ces prodiges de la physique, qui supposent toujours des préparations ou des instruments, & dans lesquels on découvre, ou du moins l'on conçoit une certaine analogie entre la cause & l'effet. Mais le moyen de concevoir quelque rapport entre un mot & la résurrection d'un mort.

M. Hume croit qu'un témoignage quel qu'il soit en faveur d'un miracle, non seulement ne peut avoir force de preuve, mais qu'il ne peut pas même être amené à la probabilité. Hé, pourquoi ne le pourroit-il pas ? S'il est un genre de certitude que donne le témoignage de nos propres sens, n'en est-il pas un autre qui naît du récit que nous font les hommes de ce qu'ils ont vu, & de ce qu'ils ont entendu ? *Ceux*, dit Platon, *qui n'admettent que ce qu'ils peuvent voir & manier, sont des stupides & des ignorants.* M. Hume lui-même, convient au même endroit, qu'il peut y avoir des miracles, ou des violations du cours de la nature qui soient telles que l'on puisse les prouver par le témoignage humain. En effet, tous les hommes n'ont pu exister à la fois, dans tous les temps & dans tous les lieux. Il est cependant bien des choses dont la connoissance est très-intéressante pour nous, & dont nous n'avons pu être les témoins. Je dois donc m'en rapporter au témoignage de ceux qui les ont vues. Ayant les mêmes facultés, les mêmes sens, les mêmes intérêts que moi, ils ont pu avoir la même certitude que j'aurois eue, si j'avois vu ces choses. Ils y ont porté des yeux, des oreilles, un jugement sain ; je n'aurois eu rien de plus, si j'avois été présent ; ainsi leur témoignage équivaut au mien ; & plus il sera multiplié, plus grave, plus circonftancié , plus il acquerera de droit à ma croyance.

PAZZ. Pourquoi Dieu ne s'eft-il pas également manifefté à chacun de nous?

ACCORT. C'eft qu'il ne l'auroit pu fans varier & multiplier les fignes de fa puiffance dans une proportion relative aux befoins de chaque individu. Ces fignes devenus ordinaires, auroient perdu leur qualité de fignes. Une révélation intérieure & univerfelle fe feroit perpétuée d'âge en âge, & n'auroit point eu d'analogie avec la conftitution de l'homme, qui doit être conduit par les fens & par la réflexion. C'étoit à l'homme intelligent que Dieu vouloit parler. Il ne vouloit pas le forcer à croire, & laiffer ainfi fon intelligence fans exercice. On ne doit point examiner ce que Dieu a pu faire, mais on doit chercher à connoître ce qu'il a fait.

PAZZ. Le Paganifme a eu fes prodiges & fes Thaumaturges. Apollonius de Thyane, Vefpafien, Apulée, Plotin, Jamblique, Maxime ont operé mille merveilles. Lactance, Arnobe, Minutius Felix, S. Auguftin conviennent eux-mêmes qu'Attinius fut puni par Jupiter, pour avoir refufé de lui obéir, quand il l'avertit en fonge de rétablir les Jeux du

Cirque. Ils ont regardé comme certain ce que Valere Maxime rapporte de Tuſcia, qu'ayant été accuſée fauſſement d'avoir violé ſon vœu de chaſteté, elle invoqua la Déeſſe Veſta, & par ſon moyen, porta dans un crible, enſeigne de ſon innocence, de l'eau du Tibre juſques dans le Temple. Tertullien, Gerſon & Medina, atteſtent le même fait. On ſait que Brennus fut miraculeuſement puni pour avoir profané le Temple d'Appollon. On connoît l'action d'Actius Navius : d'où l'on peut conclure que les miracles ſont un ſigne très-équivoque de vérité.

Accort. Les miracles ſont un langage ſûr & intelligible dont Dieu ſeul peut ſe ſervir pour faire connoître aux hommes avec certitude, ce qu'il leur importe de ſavoir, & ce qu'ils ne pourroient découvrir par eux-mêmes. Les prodiges attribués au Paganiſme, ſont au moins très-incertains, très-équivoques & très-vagues. Varron rejette l'hiſtoire des Gentils, parce que les Hiſtoriens ne ſont pas d'accord, & qu'ils ſemblent avoir eu intention de ſe contredire. Valere Maxime qui attribue aux Dieux des Païens, un grand nombre de merveilles, n'oſe en garantir la certitude. Ciceron avoue que ceux dont il parle, font indignes de la Divinité. Il fe mocque de la fuperftitieufe crédulité de fon frere Quintus, au fujet de l'action d'Actius Navius, qui coupa un cailllou avec un rafoir. Denys d'Halicarnaffe, Plutarque, & Tite-Live fe contredifent fur ce point comme fur plufieurs autres.

Philoftrate qui eft le Panégyrifte d'Apollonius de Thyane, revient, fans s'en appercevoir, à ne faire de fon Héros qu'un homme ordinaire. Il affure, par exemple, qu'il poffédoit toutes fortes de Langues fans les avoir apprifes; & ailleurs il dit, que ce même Apollonius, à l'âge de quatorze ans, fut mis par fon pere, fous la difcipline d'Euthimede, Phénicien, qui l'inftruifit dans l'art de parler. On fait d'ailleurs qu'il ne chargea fon hiftoire de tant de merveilles, que pour faire fa Cour à Caracalla, Prince fort fuperftitieux.

Vefpafien confulta les Médecins, pour favoir s'il pouvoit rendre la vue à un aveugle, & l'ufage de la main à un manchot. Ils répondirent, dit Tacite, hift. l. 4. c. 80., que l'aveugle n'avoit pas perdu la faculté de voir, qu'il pouvoit recouvrer la vue, & le manchot l'ufage de la main. Il ajoute que ce fait n'étoit qu'un bruit populaire ou une flatterie. *Vocibus adulantium in fpem induci.*

S'il eft vrai qu'Attinius perdit fon fils, & refta paralytique jufqu'à ce qu'il eût accompli les ordres de Jupiter, il faut avouer que Jupiter n'entendoit gueres fes intérêts, puifque c'étoit dans les Jeux du Cirque que l'on repréfentoit les crimes des Dieux, & que les Acteurs chantoient les infamies de Jupiter même.

Quant à Tufcia & à Brennus, la fin principale de ces merveilles, étant de manifefter l'innocence, ou de réprimer l'impiété, il s'enfuivroit au plus qu'il exifte une providence attentive à confondre l'impofture, & à punir les cœurs facrileges. Ces prodiges vrais ou prétendus, operés dans le fein du Paganifme, n'ont point été faits pour en autorifer l'erreur. Cette Veftale ne fe propofe que d'éloigner un foupçon infamant, & de détruire la calomnie de fon accufateur. Elle réclame la puiffance de la Divinité qu'elle honore. Elle fe trompe à la vérité, fur l'objet particulier de fon culte ; mais elle ne fe trompe pas en reconnoiffant un Être fupérieur aux créatures qu'il conferve

& qu'il protege. C'est cet Être à qui elle s'adresse, & qu'elle invoque sous un nom qui ne lui convient pas, parce qu'elle ne connoît point le véritable. Seroit-il indigne de lui d'écouter sa priere?

Brennus est dans l'erreur, en attribuant à Appollon les prérogatives de la Divinité. Mais tandis qu'il sera dans cette fausse persuasion, il ne pourra, sans sacrilege, mépriser son culte qu'une conscience erronée lui assure être légitime. Ce n'est pas la divinité de l'Idole qui résulte de son châtiment, mais l'impiété de celui qui l'insulte, croyant qu'elle est son Dieu, ou refusant d'en reconnoître aucun.

Il n'est pas néanmoins nécessaire de recourir à une action immédiate de la Divinité, pour résoudre ces difficultés apparentes. Les PP. ont cru que le démon, qui n'est jamais plus dangéreux que dans les circonstances où il nous fait du bien, parce que c'est alors qu'il nous trompe, a voulu accréditer le culte des Faux Dieux, en paroissant protéger l'innocence, & repousser l'imposture. Tertullien assure que sous le nom d'Esculape, les démons rendoient la santé aux malades. Comment cela ? Ils blessent d'abord, dit-il, ensuite ils ordonnent des remedes nouveaux ou contraires à la maladie , après quoi ils cessent de blesser , & paroissent avoir guéri. Au reste il n'est point nécessaire de recourir à leur ministere , pour rendre raison de plusieurs phénomenes qui nous surprennent. Zachias en cite un grand nombre , dans lesquels certain peuple soupçonneroit une vertu extraordinaire , quoiqu'ils soient très-naturels. Il connoissoit un Moine qui instruisoit à parler des gens sourds & muets de naissance , & il croit cela très-possible. Il raconte que l'envie de parler dans la servante d'un de ses parents , produisit le même effet que l'industrie du Moine, & qu'une violente passion rompit les liens dont la nature avoit enchaîné ce petit membre. Qu'importe après tout, si ces faits ne tendoient à rien ? Or il n'a pas été operé un prodige en faveur de l'idolatrie. Jamais les Païens n'ont entrepris de prouver par des faits avérés , que la Divinité demandoit un tel culte, ordonnoit tel sacrifice , prescrivoit telles loix , habitoit dans tel Temple, avoit envoyé tel Prêtre. Or un miracle qui n'est accompagné d'aucune circonstance propre à en déterminer le but , ne peut servir de preuve. Quand donc on accorderoit que la cuisse de Pythagore étoit d'or ou d'yvoire, que son disciple Abaris voloit dans les airs, assis sur une fleche; que Simon le Magicien faisoit mouvoir des statues comme des marionnettes, que sa faucille moissonnoit seule, nous ne voyons pas ce que l'on en pourroit conclure.

PAZZ. Que conclure du miracle de Josué, qui arrête le soleil, de celui du serpent & de l'Ange Gabriel? Qui croira que Dieu ait fait parler des bêtes, & un être immatériel dépourvu d'organes? Ces miracles ne sont-ils pas aussi absurdes que ceux que tu viens de citer?

ACCORT. Les Annales Chinoises (*b*) font mention du premier miracle. Sous le regne d'Yao, septieme Empereur, il y eut un jour si long, qu'il fit craindre un embrasement général. Hérodote nous a conservé la tradition des Prêtres d'Egypte, sur deux phénomenes arrivés contre l'ordre naturel, dans le lever & le coucher du soleil.

Expliques - moi cette mémoire purement organique, où les mots de toutes

______

(*b*) Martin. hist. Sin.

les Langues vont s'imprimer , & qui les préfente à l'ame au befoin , avec autant de célérité que de précifion & d'abondance. Explique-moi l'art de peindre par des fons articulés , fes penfées & fes fentiments , quoique les organes qui les forment , ne foient pas conftitués autrement que les organes de plufieurs créatures d'un rang inférieur. Conçois-tu de quelle maniere tous les hommes fe font accordés à attacher les mêmes fignes aux mêmes fons ? Comment ils ont mis une liaifon entre les lettres & les fons qu'elles indiquent , ces fons mêmes & les idées dont ils font les fignes ? Comment , après cette variété des langages qui ont fuccedé à une feule langue générale , les lettres font à peuprès chez toutes les Nations au même nombre , & défignent prefque le même fon ? Ce fait trop commun pour être fenfible , eft plus inconcevable que le prodige dont on doute. Il n'eft ni ridicule , ni abfurde qu'un Ange à qui Dieu aura formé un corps d'air , ou qu'un animal ayent parlé ; mais comment concevoir comme naturellement poffible , l'art de faire paffer par les oreilles , ou par les yeux d'autrui , les penfées de fon efprit , & les affections de fon cœur ?

F.

Toute difficulté difparoît en préfence du fyftême qui reconnoît une autorité fuprême à laquelle la nature eft foumife. Convenir que la nature a un légiflateur, c'eft convenir que ce légiflateur peut fufpendre & modifier à fon gré les loix qu'il lui a données.

Les opinions religieufes, en empruntant l'appui des miracles, nous font affez fentir que les miracles ont toujours été regardés comme le langage le plus expreffif que la Divinité pût adreffer aux hommes, & comme le fceau le plus certain qu'elle pût appofer à la miffion de fes envoyés. Mais, qu'eft-ce que les preftiges & les fauffes imitations des prodiges qui ont fervi à l'établiffement du Chriftianifme ? Il eft bien humiliant pour J. J. Rouffeau, de contredire ceux-ci, & de n'avoir à leur oppofer que des *têtes de bois qui parlent, ou des machines qui marchent & qui s'arrêtent à la volonté de celui qui les montre.* Tous les miracles de la Religion Chrétienne, pris féparément & dans le détail, n'ont pas tous, il eft vrai, un caractere évident de la Puiffance divine. Il eft même certains phénomenes miraculeux, qui peuvent s'expliquer felon les loix de la Phyfique, & dont tout le merveilleux consiste dans la préparation & dans la détermination des causes à produire tel effet. Dieu, pour l'ordinaire, se sert dans ses prodiges, de productions & de causes naturelles, qu'il prépare, dispose & détermine suivant ses desseins. Que fait le Philosophe incrédule ? Il ne s'arrête qu'à la cause naturelle qui a servi au prodige, & ne veut pas envisager la maniere surnaturelle dont il a été produit à point nommé, dans telle circonstance. Il délie le faisceau, & ne discute qu'un miracle isolé, & moins éclatant. Il en élude le merveilleux, par la comparaison de ce fait avec d'autres également surprenants, & qui ont été opérés par l'art, la nature, ou la fourberie. Mais à qui pense-t-il en imposer par la mauvaise foi de son procédé ? Qui ignore que ce n'est point un miracle particulier qui établit le Christianisme, mais un assemblage de prodiges prédits & exécutés dans la plus grande exactitude ? Prodiges au-dessus de toute exception par leur espece, leur nombre, leur diversité, leur enchaînement, leur durée, leur publicité, leur utilité, leur but général, leurs suites, la qualité & la force des témoignages. Le don des miracles étoit le signe auquel les Juifs devoient reconnoître le Meſſie. *Quand le Meſſie viendra*, diſoient-ils, *fera-t il de plus grands miracles que cet homme ?* Les aveugles voyent, les boiteux marchent, les malades ſont guéris, les morts reſſuſcitent, les ignorants parlent diverſes Langues étrangeres, les tempêtes ſont appaiſées, les éléments changent de nature, la Ville, la campagne, les places publiques, les ſynagogues ſont le théatre de ces merveilles, les Juifs Scribes & Phariſiens les voyent. *Si vous ne croyez pas à mes paroles*, leur dit l'envoyé, *croyez aux œuvres que je fais.* Ces œuvres ſont conſignées dans l'Evangile, qui porte des caracteres uniques de grandeur & d'originalité. Ses ennemis les plus déclarés, Julien lui-même, ne les conteſtent pas. Ils les attribuent à la magie, ce qui en ſuppoſe la réalité ; car on ne cherche pas à donner une cauſe à des choſes qui n'exiſtent pas, ou que l'on croit fauſſes. Mais comment imaginer une cauſe incompatible avec des prodiges qui en ſeroient l'effet ? Le but principal des miracles, étoit de faire recevoir une doctrine qui ne tend qu'à établir l'empire de la vertu ſur la terre. Les démons auroient-ils communiqué leur puiſſance à des hommes qui venoient

détruire leurs autels ? Les Peuples auroient-ils fixé leur attention sur cette
espece d'imposteurs, qu'ils regardoient
avec horreur ? Manquoit-on dans la Ju-
dée & dans l'Empire, de Magiciens capables de balancer ces nouveaux réfor-
mateurs, qui auroient agi par le même
pouvoir qu'eux ? N'attribuoit-on pas aux
Dieux, ce que les Magiciens faisoient
de singulier en faveur de l'idolâtrie ? Ce
que J. C. & ses Apôtres firent contre,
étoit donc d'un ordre supérieur, & ne
peut absolument avoir eu la même cause.

PAZZ. Il y a contradiction entre les
témoignages & l'expérience qui atteste
l'uniformité du cours de la nature.

ACCORT. Aucune. L'expérience du
cours ordinaire de la nature, ne prouve
point que ce cours ne puisse être chan-
gé. Or le témoignage ne dit pas que les
prodiges aient été réglés sur le cours de
la nature. Il les rapporte tous à la toute-
puissance divine. *Mon Pere, je vous rends
graces de ce que vous m'avez exaucé. Je savois
bien que vous m'exaucez toujours, mais je
dis ceci pour ce peuple, afin qu'il croie que
c'est vous qui m'avez envoyé.* On ne peut
donc rien conclure de l'uniformité des
loix naturelles contre le témoignage
qui assure qu'elle n'est pas invariable.

PAZZ. Ce témoignage n'est toujours fondé que sur les sens ; or l'on sçait ce que peuvent les sens en matiere de faits.

ACCORT. Le témoignage rendu à des faits simples, palpables, très-nombreux très-diversifiés ; réitérés pendant plusieurs années, doit être regardé comme incontestable. Quand on accorderoit aux Idéalistes que les objets matériels ne font que des illusions & de simples apparences, il faudroit convenir qu'étant uniformes & permanents, ils n'en résultent pas moins des loix immuables de notre être, & fourniffent par-là un sujet solide à nos raisonnements. Les sens suffisent pour s'assurer qu'un paralytique marche, que les chaînes tombent, que les portes d'une prison s'ouvrent, que les morts ressuscitent ; lorsque les yeux & les oreilles rapportent constamment une foule de semblables phénomenes, il est physiquement impossible que les témoins se soient trompés sur tous, qu'ils se soient trompés par rapport à ceux qui se sont opérés sur eux, par eux-mêmes, & par ceux à qui ils assuroient en avoir conféré le pouvoir. Mon expérience personnelle étant très-resserrée, ce que je n'ai pu voir de mes yeux, ne peut m'être connu que par le témoignage. S'il n'y eût point eu de témoins qui m'euſſent rapporté ces évenements extraordinaires, & qui m'en euſſent expliqué le principal but, tous ces prodiges auroient été en pure perte ; mais lorſque des milliers de témoins me les atteſtent, je ſuis auſſi moralement certain que je puis l'être, que ces prodiges ſont réels, que ceux qui les ont vu de leurs yeux, & touché de leurs mains, ne ſe ſont point trompés, & qu'ils ne cherchent point à me tromper. Quels faits me propoſe-t-on ? Rien moins que la nature changée à la vue de plus de ſix cent mille combattans ; c'eſt la mer qui donne un paſſage au milieu de ſes gouffres ; c'eſt un rocher qui fournit les eaux après avoir été frappé ; ce ſont des murs qui tombent au ſon des trompettes ; c'eſt la terre qui engloutit des coupables, &c.

PAZZ. Combien de faits controuvés & hazardés dans les hiſtoires ?

ACCORT. Il y en a ſans doute ; mais n'y a-t-il point d'hiſtoires véritables ? Ne peut-on diſcerner par la critique un fait avéré, d'un fait apocryphe ? rejetter toutes ſortes de témoignages, n'eſt-ce pas s'élever contre l'ordre de toutes les Nations & de tous les ſiecles ? Le Pyr-

rhonifme en hiftoire, eft auffi extrava-
gant qu'en métaphyfique. Les raifons
qui m'obligent à admettre un certain
ordre dans le monde phyfique, m'enga-
gent à en admettre un dans le monde
moral. L'un & l'autre eft afforti aux befoins de notre condition préfente. Dieu
ne nous a pas donné d'autres moyens
d'apprendre ce que nous avons le plus
d'intérêt de connoître. Toute notre
croyance porte fur des preuves de fait.
Ces faits fuppofent des fens qui les
aient vus. Ces fens, un entendement
qui ait pu en juger. L'erreur n'eft point
préfumable, quand les jugements & les
dépofitions font uniformes dans les circonftances effentielles, quand ils ont
pour objet des faits dont les témoins
étoient fortement intéreffés à s'affurer,
avoient le plus grand intérêt de ne pas
croire, & de ne pas publier; quand ces
témoins font d'une intégrité reconnue,
perféverent dans leur témoignage, &
le fignent de leur fang; quand des
Villes, des Provinces, des Nations en-
tieres font contraintes d'accepter leur
témoignage, par les fignes miraculeux
qui l'accompagnent. L'homme dans l'état
actuel ne fçauroit acquérir une certitude
plus grande en ce genre. Il ne peut

porter de jugement plus folide que celui qui feroit appuyé fur un témoignage
de cette nature. La fauffeté d'un témoignage tel que nous le fuppofons,
feroit un renverfement de l'ordre moral
qui choqueroit les notions du fens commun. Ce témoignage a donc toute la
force dont un témoignage humain eft
fufceptible.

PAZZ. L'efprit eft fujet aux maladies
épidémiques comme le corps. Il n'y a
qu'à commencer fous de favorables auf-
pices. Un héréfiarque ou un fanatique
dont l'imagination contagieufe & les
paffions véh'mentes fçauront bien fe faire
valoir, infatueront en peu de temps
tout un pays , ou pour le moins un
grand nombre de perfonnes. (d)

ACCORT. Rien de plus vrai , rien de
mieux conftaté par l'expérience qui nous
montre en mille endroits de l'hiftoire,
les fuccès de l'impofture, les égarements
de l'entendement humain. Mais il ne
s'agit pas ici d'une opération de l'entendement , fi capable de méprife &
d'erreur. Il s'agit de chofes qui tombent
fous les fens , dont les fens peuvent aifément juger , ou du moins dont l'en-

---

(d) Bayle, dict. A. Abdere.

F 5

tendement ne peut juger que fur le rapport des fens ; il s'agit des fignes les plus palpables que le fimple bon fens peut facilement faifir ; de fignes publics, notoires qui fe paffent fous les yeux d'autant de contradicteurs qu'il y a de témoins ; de fignes qui attaquent des préjugés nationaux , politiques, religieux ; de fignes auxquels on ne peut fe rendre , fans s'expofer aux plus grandes extrémités ; ces fignes doivent - ils être affimilés aux notions fauffes ou infuffifantes de l'entendement ?

Des hommes qui prêchoient un vengeur de l'impofture, pouvoient-ils entreprendre d'en impofer ? pouvoient-ils affurer qu'un homme mort qui les auroit trompés , ils l'avoient vu reffufcité, ils avoient reconnu & vifité fes cicatrices, ils avoient bu & mangé avec lui , eux qui attendoient avec la nation un libérateur temporel, & qui avoient vu leur efpérance enfévelie dans le tombeau du Chrift ? Pouvoient-ils avancer qu'à fa mort , la terre avoit tremblé ; qu'elle avoit été couverte de ténébres ; qu'ils en avoient reçu le don des langues, de prophéties & des miracles ? Pouvoient-ils citer des faits incroyables de leur nature , des faits divers, recents , fi tous ces faits n'étoient que des inventions ? Ont-ils pu obtenir la moindre créance, s'ils n'ont pas adminiftré les preuves de ce qu'ils alléguoient en faveur de leur miffion ? Les auroit - on même écoutés, s'ils s'étoient vantés d'une puiffance divine fans la produire? Ils difent fimplement au boîteux, *leve-toi & marche*, puis ils annoncent celuî par la vertu duquel ils l'ont fait marcher.

Dans l'hiftoire de ces grands événemens qui ont accompagné la prédication de l'Evangile, ils nomment les perfonnes, leurs demeures, leurs maladies, les lieux, les temps, & toutes les circonftances les plus propres à faciliter la vérification des faits. Perfonne ne les contredit. On a recours à l'autorité féculiere pour en empêcher la publicité ; c'eft en préfence même des Magiftrats qu'on les publie. Plus ils ordonnent le filence, plus on éleve la voix. Ils décernent des châtimens, mais ils n'accufent point les Apôtres de feindre & d'en impofer. *Par quel pouvoir leur demande-t-on, avez-vous guéri ce boîteux ? Chefs du peuple, fachez que cet homme l'a été au nom de celui que vous avez crucifié.* Quelle hardieffe dans ce reproche? imputer à fes Juges un crime atroce ; leur foutenir en face que ce Dieu qu'ils ont condamné à un infâmant fupplice, s'eft reffufcité lui-même, & qu'il agit encore par ceux qu'il a chargé d'annoncer fon Evangile : eft-il une preuve plus frappante de la vérité qui les perfuade, & qui les éleve au-deffus de la crainte & de toute confidération humaine ? Perfonne ne réclame. Cinq mille fe convertiffent. Le fait étoit donc public & conftaté ? S'il y eût eu dans la conduite des Apôtres, la plus légere apparence de fupercherie, il auroit été facile de l'appercevoir, & très-intéreffant de les en convaincre. En prouvant par des procédures légales & juridiques que la guérifon de l'aveugle né, la réfurrection de J. C. le don des langues, n'étoient quedes ftratagêmes & des vifions, la caufe étoit finie, les Dieux étoient vengés, l'Empire tranquille, le peuple content. Mais il ne paroît nulle part qu'on les en ait feulement foupçonnés. Jérufalem favoit fi Jefus-Chrift avoit fait des prodiges, fi fes Difciples faifoient des miracles pour prouver fa réfurrection. Saint Matthieu pouvoit-il, en écrivant fon Evangile, en impofer fur des faits récents & manifeftes ? Dix ans après paroît l'Evangile de Saint Marc , & dans la fuite d'un pareil intervalle, celui de Saint Luc. Enfin Saint Jean donne le fien quarante ans après celui - ci. Si Saint Matthieu n'eût pas été fincere, les fuivants auroient-ils copié fes erreurs ? Le menfonge reconnu dans le premier, auroit-il ofé reparoître dans les autres ? Si la vérité n'eût dicté les faits, auroit-on compofé un Evangile capable de rebuter le genre humain ?

Saint Paul annonce la Réfurrection de Jefus-Chrift , & bien loin de craindre la contradiction , il prend à témoin de ce ce qu'il dit , le Roi devant qui il parle. Il le fuppofe inftruit , parce que toutes ces chofes fe font paffées publiquement. Le Prince eft ébranlé. *Tu m'as prefque perfuadé*, lui répond-il. Il favoit donc qu'il difoit vrai ?

Tous ces miracles n'ont point été des actes paffagers, & capables d'éblouir les yeux de la multitude. Ils étoient étroitement liés les uns aux autres. Les prodiges des Apôtres fuppofent ceux de Jefus-Chrift , & ceux - ci la miffion des Prophetes qui ont annoncé un autre Prophete qui les furpafferoit en dignité , en perfection, & en puiffance. La fin de ces prodiges a été de perfuader aux hommes, la doctrine la plus utile & la plus parfaite ; une doctrine qui heurtoit les idées des Juifs & du monde entier. N'est-ce pas battre l'air que de former des accusations vagues contre des faits authentiques reconnus par les contemporains ; que de vouloir rompre une chaîne dont les anneaux sont si unis. C'est en vérité multiplier les miracles en pensant les détruire.

Progrès du Christianisme. L'improbabilité de la chose augmente bien davantage, lorsque l'on considere que la prédication des Apôtres, & le témoignage qu'ils ont rendu à la mission de Jesus-Christ, a produit dans le monde une révolution beaucoup plus étonnante que celle des plus célébres Conquérants. Ce changement n'a pu être le fruit de l'imposture. L'ordre moral a ses loix comme l'ordre physique. Il faut une grande cause à un effet si subit & si prodigieux. Les hommes ne dépouillent pas tout d'un coup leur caractere. Ils ne renoncent pas sans raison aux préjugés de la naissance, de l'éducation, & sur-tout de la Religion. Tous les siecles & toutes les Nations se déclaroient pour l'idolâtrie. Princes, Législateurs, Philosophes, Orateurs, s'inclinoient devant des idoles. L'Evangile est annoncé dans les Synagogues des Juifs, dans les Académies des Grecs, dans les Cours des Rois. La Capitale du monde, ce peuple de Chrétiens, *multitudo ingens*, Rome n'a formé son Empire qu'après plusieurs siecles de combats & de victoires; le Christianisme désarmé regne dès son origine; Licurgue n'a pu établir qu'à Lacédémone, une police dure & féroce, & Gallien n'a pu dans une bourgade faire adopter les maximes d'un sage; les Apôtres soumettent tout à la loi du Christ. Les Philosophes de la Grece n'ont jamais osé attaquer l'idolâtrie, Antonin & Marc-Aurele n'ont pas seulement essayé de désabuser leurs sujets, des superstitions ridicules du paganisme, les Juifs n'ont pas renversé une idole dans la Perse & dans l'Empire Romain : au seul nom de Jesus-Christ les oracles se taisent, leurs autels tombent, la Croix est adorée. Les Juifs s'opposent aux nouveaux Prédicateurs: Les Gentils s'arment pour leur destruction. Le peuple les traite d'insensés. Les Magistrats les condamnent au fouet. Les Philosophes les méprisent. Les Princes les font périr. Ligue impuissante. Elle ne peut arrêter la rapidité de l'Esprit-Saint qui les pousse, ni le vol des vic-

toires évangéliques. Ils ne prêchent que
le mépris des richeſſes, des honneurs,
des plaiſirs, de la vie même. Ils ne pro-
mettent que des biens à venir. Ils n'enſeignent que des myſteres. Ils extermi-
nent les Dieux dont le culte étoit établi.
La foi fructifie. Le nombre des croyants
augmente. On voit des Chrétiens dans
le palais de Néron. Les Payens mêmes
qui ne peuvent ſe réſoudre à embraſſer
le Chriſtianiſme, lui rendent hommage.
Pilate parle honorablement de Jeſus
dans ſa lettre à Tibere. Adrien ſe dé-
clare le protecteur de ſa Religion.
Alexandre-Severe veut lui faire ériger
un temple. Antonin favoriſe ſes Diſci-
ples. Marc - Aurele annu le les Edits
cruels de Neron & de Domitien. Des
vertus inconnues juſqu'alors, deviennent
communes. Les déſerts de Nitrie & de
Sceté, ſont les azyles de l'innocence.
La Grece ingénieuſe apprend les éléments de la ſageſſe dont elle n'avoit
encore pu ſe former l'idée. Rome ſou-
met ſa tête altiere au joug de la Croix.
La Perſe voluptueuſe goûte l'onction
ſecrete de la pénitence & de l'auſtérité.
La Scythie ceſſe d'être barbare, en re-
cevant la nouvelle alliance qui adoucit
ſes mœurs. L'Inde dépoſe ſa férocité

aux pieds de l'Agneau. Toutes les Sectes, tous les systêmes se dissipent comme une fumée en présence du nouvel Evangile. Ce Galiléen, cet homme né dans le Bourg de Bethsaïde, ce pécheur ignorant, Céphas les a tous confondus. Des idiots sans lettres, sans science, qui pouvoient à peine se faire entendre, attaquent hardiment des Sophistes, des Rhéteurs parfaitement instruits des principes de Platon & d'Aristote, & de toutes les maximes des Stoïciens, leur parlent comme à des poissons muets, & leur lient la langue par la vertu du Crucifix. Parcourez les Provinces ; passez dans les Royaumes étrangers ; transportez-vous au-delà des mers, vous y entendrez parler du Christ ; vous y rencontrerez ses disciples, vous y verrez sa Religion respectée. Qu'est devenu le faste de la Grece, & la grande réputation d'Athenes ? Quel a été le sort des rêves sublimes des anciens Philosophes ? Des hommes dont tout le crédit & la fortune étoient renfermés dans une barque & des filets, entreprennent une réforme générale. Comment des gens accoutumés à la pêche, qui est leur profession, ont-ils pu espérer de vaincre la résistance de la terre, s'ils n'étoient pas soutenus

par une puissance divine ? à parler hu-
mainement, ce projet paroissoit extra-
vagant. Les Juifs avoient pour eux une
haine irréconciliable, les Gentils n'en
avoient pas moins d'horreur. C'étoit les
Juifs qu'il falloit convaincre d'un déïci-
de, & les Gentils d'idolâtrie autorisée
par une longue suite de siecles. Persua-
dés qu'ils étoient de la divinité de Jesus-
Christ, n'a-t-on pas lieu de s'étonner
qu'ils y ayent rendu témoignage, quoiqu'ils ne pussent douter qu'ils en devoient
attendre l'opposition la plus opiniâtre,
la haine publique, les chaînes & les
tourments ? Platon pour avoir formé le
plan d'une nouvelle République, pensa
perdre la vie. Il ne s'agissoit cependant
pas de Religion, dans laquelle il a toujours été dangereux d'innover. On sçait
combien Judas & Théodas avoient de
troupes. Ils périrent néanmoins, & leur
perte étoit récente. Les Apôtres devoient envisager tous ces obstacles, ou
ils étoient tout - à - fait insensés. S'ils
avoient perdu l'esprit, comment se fai-
soient-ils suivre ? comment persuadoient-
ils sçavants & ignorants ? s'ils prévoyoient
ces dangers, comment s'y exposoient-
ils ? Ces hommes qui s'enfuient lorsque
leur Maître est saisi, ne craignent au-

cnn de ces inconvénients. Sans armes
& à demi-nuds, ils réfiftent à des gens
armés, & à des Princes qui ont fur eux
une autorité fouveraine. Ils prêchent des
dogmes inouis. Ils annoncent la morale
la plus auftere. Ils font adopter les uns
& pratiquer l'autre. Tout plie devant ces
foudres évangéliques. La foi renverfe
les trophées du crime. Les échaffauts,
& les bûchers favorifent fes progrès.
C'eft au milieu des tortures & des feux,
qu'elle reçoit le témoignage le plus
éclatant. On voit couler des fleuves de
fang, & l'on n'entend que des chants
de victoire. La face de la terre eft entiérement changée. En moins de trois
fiecles la Croix paffe d'un lieu infâme
fur la tête des Empereurs. Aucun ne
foupçonne la vertu qu'attribuent les
Apôtres à celui qu'ils prêchent, & qui
opére encore par eux, & ils nous laiffent
la preuve la plus complette de la vérité
des miracles du Sauveur, dans le miracle permanent de la converfion des
Gentils, & de la difperfion des Juifs.

PAZZ. Ce changement n'a été que
l'effet de l'enthoufiafme.

ACCORT. Quel enthoufiafme que celui
qui fe répand dans le monde entier,
& qui fe perpétue d'âge en âge jufqu'à

nous ? Des visionnaires persécutés de toutes parts, ont-ils pu dissiper l'ignorance & changer le systême universel ?

PAZZ. L'amour de la nouveauté, la vertu des premiers Chrétiens, donnerent aux Apôtres une foule de Sectateurs, & non les dogmes mystérieux du Christianisme.

ACCORT. L'amour de la nouveauté est-il assez fort pour déraciner des préjugés religieux, & faire braver les supplices & la mort ? Qu'étoient les premiers Chrétiens avant que d'embrasser le Christianisme ? des Juifs ou des Payens. Ils ne pouvoient donc avoir pour motif de leur changement, des exemples de vertu qui n'existoient pas ? Ils avoient plutôt intérêt de ne pas recevoir une Religion qui les condamnoit, & qui les soumettoit à un genre de vie si contraire à celui qu'ils avoient mené jusqu'alors. Avouer que cette Religion nous rend solidement vertueux, c'est en faire un éloge achevé, & confondre ses adversaires. » Examinez, disoit Tertullien, » si la divinité du Christ est véritable, » si c'est elle qui réforme les mœurs » de ceux qui la connoissent, il faut » que toute autre divinité qui lui est

» opposée soit nécessairement fausse. (e) «
La sagesse de ses loix n'est pas néanmoins le seul motif qui ait déterminé l'u-
nivers. L'homme il est vrai, accorde son
estime à tout ce qui le rapproche de son
premier état d'innocence & de justice.
Mais autre chose est d'admirer de belles le-
çons de morale, autre chose est de les pratiquer. Se dévouer aux persécutions, aimer
sincérement ses persécuteurs ; mépriser
la vie, & ne compter que sur les récompenses à venir ; renoncer aux plaisirs,
aux honneurs, & à soi-même. Les Stoïciens, avec toute leur fastueuse régularité,
ne se seroient jamais soumis à un joug
aussi dur, par la seule considération de
la vertu. Dans la Théologie païenne
tout flattoit les sens & l'imagination;
son système étoit calqué sur les inclina-
tions de l'homme les plus agréables, &
autorisé de l'exemple des Dieux; par
quel prodige vit-on naître au sein du
fanatisme & de la superstition, une société dont le mobile est la gloire du
vrai Dieu, le caractere l'amour des hommes, la fin, leur bonheur l'espérance
la vie éternelle ? Comment auroit-elle

____

(e) Apol. n. 21.

renoncé au fyftême féduifant du paganifme, fi par des témoignages palpables
elle n'avoit été convaincue que celui
des Chrétiens étoit divin ? Qu'il eft
glorieux à la Religion d'entendre Por-
phyre prouver par un oracle de Del-
phes, que le chemin qui conduit au Ciel
a été trouvé par les Hébreux ? (*f*)

PAZZ. Les fuccès de l'Arabe s'oppofent à l'induction avantageufe que tu
prétends tirer de ceux du Chrift.

ACCORT. Mahomet, fans autre doctrine que des abfurdités, fans morale
que celle des paffions, fans miracles
que fes violences, le fabre dans une
main, l'Alcoran dans l'autre, a fait ce
que tout homme en pareille circonf-
tance pouvoit faire auffi bien que
lui. Jefus-Chrift ne nous propofe que
des vérités nobles dans leur myftérieufe
obfcurité ; n'emploie que la voie de la
perfuafion, & bien loin de menacer
de la mort ceux qui refufent de fe foumettre, il la promet & l'affure à ceux
qui fe chargent de les annoncer. Par la
raifon que Mahomet devoit réuffir, le
Chriftianifme au contraire devoit périr,
s'il n'eût eu Dieu pour auteur. Il eft

(*f*) Theod. ea Porphy. S. 1. ad Græcos.

répandu dans tous les lieux du monde ,
le Mahométifme n'en occupe qu'une partie ; J. C. eft donc Dieu , Mahomet un
impofteur.

Pour rendre plus fenfible le prodige
de l'établiffement du Chriftianifme , fuppofons que les Philofophes modernes
imaginent de donner une édition des
œuvres de Celfe , de Julien , de Por-
phyre , de Plotin , d'Hiéroclès , de Vo-
lufien , &c. qu'ils y inferent des Prophéties foit-difant émanées de ces Anti-
Chrétiens , par lefquelles ils annoncent
que dans le XVIII. fiecle il paroîtra
des envoyés *de la nature* , pour réfor-
mer les fuperftitions du genre humain,
& foumettre les mortels à l'empire de
cette Déeffe ; qu'ils les appellent par
leur nom ; qu'ils caractérifent leurs perfonnes , leur génie , leurs œuvres extraordinaires , leur vie , & leur gente
de mort. Que ces Philofophes fe préfentent au public , munis de ces Lettres
de créance , qu'ils foutiendront être authentiques ; qu'ils offrent de prouver
leur miffion par des prodiges au-deffus
de tout foupçon ; qu'ils compofent un
corps d'hiftoire , de tous les prodiges
qu'ils attribueront à ceux de leurs confreres qui font déjà décédés ; qu'ils af-

firment, en préfence des Magiftrats, que ces prodiges ont été opérés à la face de la Nation, qu'ils fe font reffufcités eux-mêmes, qu'ils les ont vus, qu'ils en ont reçu le pouvoir de faire les mêmes prodiges, avec celui d'éclairer le monde, & d'inftruire les Rois & les Peuples de la nouvelle doctrine. Quel feroit le dénouement de cette comédie? Cette hypothèfe néanmoins, eft toute à l'avantage de la Philofophie du jour. Il n'y a pas de fi chétif adepte qui ne jouiffe d'une plus grande confidération que n'en avoit le premier des Apôtres. Un voluptueux s'accommoderoit à merveille de la morale philofophique. Les Evangéliftes au contraire, étoient des hommes de néant, fans lettres, méprifés de leur nation; ils n'annonçoient que des myfteres, ne parloient que de pénitence, n'offroient que des opprobres. On les a crus. On les croit encore, & les Philofophes avec leurs rares talents feroient le jouet du petit & du grand, s'ils effayoient d'exécuter dans un hameau, ce que les Apôtres ont fait dans l'univers.

Leur averfion pour le Chriftianifme, vient de ce qu'ils ne le fixent point d'un œil philofophique. On ne juge des ou-

vrages des hommes, que par leur enfemble. Chaque partie ne doit point
avoir toute perfection , mais feulement
celle qui lui convient dans l'ordre & la
proportion des différentes parties qui
compofent le tout. Nos vues font courtes
& trompeufes. Il arrive fouvent que ce
qui paroît un défaut à notre efprit borné,
dans un endroit féparé de l'ouvrage,
eft un ornement par rapport au deſſein
général. Il n'y a que le tout qui foit intelligible, & le tout eft fouvent trop vafte,
pour être vu fans réflexion. Il faut une
étendue d'efprit affez confidérable pour
en faifir le plan & la fymmétrie, les
proportions & la régularité. On voit
dans la Religion , des inftitutions facrées,
des dogmes fublimes, & une morale
fainte, concourir à un même deffein , &
fe rapporter à un même but. Mais l'incrédule n'examine la Religion que dans
un certain détail. Il détache des traits
uniques, & n'en pénétre ni l'enfemble,
ni l'efprit. Eft-il étonnant qu'il ne foit
point frappé de la perfection où le Chriftianifme éleve la nature humaine ; des
lumieres qu'il répand dans l'univers ; de
la liaifon qu'il a avec la félicité de chaque particulier, & avec le bonheur général de la fociété ?

G

La Religion Chrétienne se reconnoît à la grandeur de ses mysteres, à la sainteté de ses loix, à l'authenticité de son code, aux prophéties, aux miracles, à la vérité de son histoire qui par des événements précis, & par la suite des choses mêmes, nous ramene à leur véritable principe, & nous apprend tout ce qu'il est intéressant de connoître, la création, la justice originelle de l'homme, sa chûte, son châtiment, ses espérances, le déluge, l'origine des nations, celle des Arts, les grands traits de la Providence dans le gouvernement des Empires, dans leur élévation & leur décadence, tandis que les autres histoires ne nous rapportent que des fables, ou nous content des inepties. Elle se reconnoît à cette chaîne non interrompue de faits & de moyens qui tient à l'origine du monde, & qui embrasse la suite de tous les siecles. C'est ce corps de preuves qu'il faut envisager, & que les Philosophes de notre temps se dissimulent, parce qu'il est inexpugnable

> Et fragili quærens illidere dentem
> Offendat solido.

Les injures qu'ils mettent à la place de réponses solides, accusent le foible de leur caufe, & la malignité de leur cœur. Peut-on refufer à Jefus-Chrift d'avoir été du moins auffi fage que Solon, & auffi accompli que Trajan ? Que trouve-t-on de repréhenfible dans fes mœurs, ou dans fa loi ? Ne vaut-elle pas tout ce que les anciens ont écrit de mieux ? Pourquoi donc s'élever contre lui avec la fureur d'une bacchante ? Ce déchaînement brutal n'eft point dans la nature. Il fuppofe des génies malfaifants rivaux de la divinité. Le nom de Jefus-Chrift étoit en refpe& dans la bouche même des poffédés. *Je connois Jefus, mais vous, qui êtes-vous ?* répondit l'Energumene aux Juifs qui fans miffion l'avoient exorcifé dans le nom du Sauveur ? Ariftophane a joué Socrate, parce que Socrate avoit des défauts qui donnoient prife à la fatyre ; mais on n'a jamais vu de Philofophe digne de ce beau nom, fe rendre méprifable au point d'injurier ceux qui ont bien mérité de leur nation. La Religion Chrétienne eft l'école de la bienfaifance & de l'humanité, elle éleve l'efprit à des objets nobles, grands & dignes de l'excellence de fa nature. Elle lui préfente la perfpe&ive immenfe du monde intelle&uel. Elle déploie les attributs de la divinité, les charmes de

la vertu, la dignité de notre être, &
la majesté de notre ame immortelle.
L'esprit s'étend par les idées des choses
spirituelles dont l'éternité est le terme.
Le cœur se dilate par la charité qui y
renferme tous les hommes. Il n'est touché que du desir d'imiter la divinité, & de
s'identifier en quelque sorte avec elle.
Un homme sage, un bon citoyen, en
un mot un Philosophe dans la rigueur
du terme, devroit rappeller cette Religion à sa Patrie, si elle venoit à l'oublier, ou lui en faire sentir l'avantage,
si elle lui étoit inconnue. De quelle
utilité sont au genre humain ces froids
spéculatifs qui consument le temps à
imaginer les moyens de réaliser la République de Platon, ou l'Utopie de Mo-
rus : »´La Religion des Scandinaves,
» dit l'Auteur de l'homme & de son
» éducation, peu différente de celle des
» Grecs & des Romains, portoit encore
» plus efficacement les hommes à la
» vertu. La réputation étoit le Dieu
» de ces peuples. . . . . Chacun vouloit
» être fils de la réputation. Chacun ho-
» noroit dans les Bardes, le distribu-
» teur de la gloire, & les Prêtres du
» Temple de la renommée. Que d'a-
vantages une telle Religion plus pure

» d'ailleurs que la payenne, ne pouvoit-
» elle pas procurer à une Nation ? »
Quels avantages lui procureroit-elle qui
ne se trouvent éminemment dans la
Religion Chrétienne, plus supérieure
à celle des Scandinaves, que celle-ci
ne l'est aux superstitions du Paganisme ?

Combien la morale chrétienne est-
elle propre à frapper les ames honnêtes
& sensibles ? Peuvent-elles demeurer
froides à des entretiens où le bienfai-
teur de l'humanité se peignoit lui-même
avec une énergie & une simplicité si
touchantes & si majestueuses ? Combien
le caractere de ce divin fondateur,
excite-t-il la vénération & l'attachement
d'un ami sincere de la vérité & de la
vertu ? ses discours & sa conduite sont-
ils donc d'un simple mortel ? Combien
ce caractere s'est-il empreint dans celui
de ses premiers disciples ? Quels en-
seignements ! quels exemples ! Leurs
écrits ne respirent que le désintéresse-
ment, la douceur, l'onction & la charité.
Aimez-vous réciproquement. Prevenez-vous
les uns les autres. Exercez la bienfaisan-
ce & l'hospitalité. N'ayez tous ensemble
qu'un même esprit. Conduisez-vous par des
pensées modestes , & ne présumez pas de
vous-mêmes. Etoit-il des sujets plus sou-

mis , des citoyens plus édifiants , des ames plus généreuſes que ces hommes nouveaux répandus par-tout , perſécutés par-tout , toujours humains , toujours bienfaiſants , toujours fideles au Roi & aux Miniſtres. Comment des viſionnaires & des fanatiques n'auroient-ils rien propoſé , ni rien fait pratiquer aux hommes qui ne ſoit propre à faire le bonheur de la ſociété & de l'individu ? Pureté dans les principes , vérités nobles & intéreſſantes ; raiſon éminente dans tout le ſyſtême moral. Vous voyez dans la maiſon d'un Chrétien l'amour & le reſpect filial , l'union fraternelle , la ſincérité , la bonne foi , la pureté des mœurs , la ſubordination , l'amour du travail , l'égalité d'humeur , des manieres douces & affables , une joie innocente , & des plaiſirs honnêtes. » Il eſt honteux , écrivoit Julien à Arſacius , qu'aucun Juif » ne mandie , & que les impies Gali» léens , outre leurs pauvres , nourriſ» ſent encore les nôtres que nous laiſ» ſons manquer de tout. » Il eſt bien plus honteux aux ſoi-diſants amis de l'humanité , d'inſulter une Religion qui étend ſes bienfaits à tous les hommes en général , & particuliérement à ſes ennemis & à ſes perſécuteurs.

Pazz. Tu parles à ma raiſon & à mon cœur. Tes obſervations toutes ſuccintes qu'elles ſont, m'en diſent aſſez. Je n'ai plus qu'à rougir de ma déférence aveugle à des paradoxes moins hardis qu'abſurdes & inintelligibles. Le ſyſtême chrétien perſuade ce qu'il défend de pénétrer. Il donne tant de lumieres, que l'on croit avec aſſurance, ſes dogmes que l'on comprend le moins. Le voile qui nous les cache, en réprimant une indiſcrete curioſité, ne laiſſe rien appercevoir qui répugne. Les attributs de Dieu ne ſont point du reſſort d'un eſprit créé. Ce n'eſt pas à des êtres pétris d'ignorance, de critiquer les opérations d'une ſageſſe infaillible, de corriger ſes voies, de lui marquer ce qu'elle devoit faire, & de reprendre ce qu'elle a fait. Dieu a-t-il parlé ? Voilà ce qui intéreſſe l'homme. Cette queſtion bien décidée, les autres qui concernent ce qu'il a révélé, peuvent préſenter des difficultés & des myſteres, mais elles ne ſauroient ſuſpendre l'adhéſion d'un eſprit raiſonnable. Je conçois à merveille que Dieu, quand il ſort de ſon ſecret, peut me manifeſter des vérités inacceſſibles aux notions communes de mon intelligence ; que ces vérités n'en ſeront pas moins les objets d'un culte raisonnable , parce qu'il est incontestable que je suis obligé de croire bien des choses que je ne suis pas capable de comprendre , & que Dieu ne peut m'en révéler aucune qui ne soit vraie. La révélation chrétienne est de la plus grande certitude : ce qu'on lui oppose me semble aujourd'hui si frivole, que loin de l'infirmer , il ajoute des degrés de probabilité aux moyens qui l'établissent. Les dogmes qu'elle enseigne , sont donc aussi croyables qu'elle. Si l'on ne peut la rendre suspecte , on ne réussira pas à les rendre incertains. On ne peut accorder l'une sans les autres. En la croyant , je dois ajouter foi à tout ce qu'elle renferme. Je ne puis douter de l'existence d'une révélation divine ; je ne puis par conséquent douter de tout ce qui appartient à cette révélation. Trinité , Incarnation , Transubstantiation , Création , Péché originel , Enfer , j'y adhere aussi fermement qu'aux moyens qui me persuadent la Religion. Tout est conséquent , tout est sensible dans le système chrétien. Je ne veux plus combattre des vérités palpables & consolantes , auxquelles l'impiété même rend hommage , pour dévorer des absurdités qui révoltent. Religion sainte qui me rend le calme que l'orgueil philosophique m'avoit ôté, que ma main droite soit mise en oubli si je t'oublie jamais; que ma langue s'attache à mon palais, si tu n'es jusqu'au dernier soupir, le sujet de ma joye & de mes cantiques.

GOUVERNEMENT.

QUOIQU'IL n'appartienne point à un particulier d'entrer dans la querelle des Rois, il peut & doit entrer dans les intérêts des Peuples. Il a droit de venger la Religion à laquelle on attribue les abus du Gouvernement. Sa qualité d'homme, de citoyen & de Chrétien, l'autorise à éloigner des hommes le danger de la séduction, à extirper de sa Patrie les semences de la révolte, & à confondre le langage insidieux des perturbateurs de la société, qui osent calomnier l'Evangile, pour accréditer leurs maximes aussi pernicieuses aux états qu'injurieuses à la Divinité. On se trompera si l'on me prend pour un courtisan, car je ne fais ma cour à personne. Mon dessein n'est pas de flatter les Souverains, mais d'exposer les devoirs des

(154)

Peuples. Je les crois moins importants
& moins difficiles à remplir que ceux
des Princes , dont il ne me convien-
droit pas de détailler les obligations ,
que la politique autant que la Religion
les preffe affez d'accomplir exactement.
L'hiftoire de tous les fiecles leur apprend
que les Rois les plus abfolus n'ont été
heureux & tranquilles que lorfqu'ils ont
refpecté le droit national. Le Philofophe
qui ne voit dans les Chefs des Nations
que des *monftres* & des *méchants privi-
légiés* ; & dans leurs Peuples, que *des
amas de vils efclaves , rampans devant des
Defpotes imbécilles ou furieux* , ne choque
pas moins la vérité & la décence, que
l'Auteur du Chriftianifme dévoilé , qui
accufe la Religion Chrétienne de changer en tyrans les Souverains qu'elle fa-
vorife. L'expérience force ici la raifon.
Jamais Souverain qui a méprifé les loix
de l'Etat , n'a goûté long-temps les
fruits de fa tyrannie. Jamais le defpotif-
me n'a regné avec plus d'empire que
chez les Nations où l'Evangile n'a pas
encore pénétré. Mais ce n'eft pas là notre queftion.

Il s'agit de favoir s'il eft de l'intérêt
d'une Nation de fe révolter contre le
Prince qui ne la gouverne pas fuivant

le pacte & l'accord fait avec elle ; fi
elle peut le deſtituer , quand il eſt de
ſon avantage de changer la forme du
gouvernement ſous lequel elle vit.

Je réponds en deux mots , que la révolte ne peut jamais devenir avantageuſe , que dans le cas où la Nation
peut ſe ſouſtraire à une oppreſſion évidemment injuſte , ſans aucun riſque de
s'attirer de plus grands maux que ceux
qu'elle veut éviter ; qu'elle ne peut
être légitime que dans le cas où l'uſur-
pation eſt manifeſte.

Je conviens que la ſouveraineté eſt
fondée ſur le conſentement de la Nation , qui ne s'eſt ſoumiſe qu'aux con-
ditions , ou plutôt dans l'eſpérance de
vivre ſous l'empire de la ſageſſe & de
l'équité. Elle n'a pu compter ſur une
ſuite de Souverains , qui ne s'écartaſſent
dans aucun inſtant , des regles que le
droit naturel leur preſcrit. Comme hommes , ils ſont ſujets aux foibleſſes de
l'humanité. Elle ne devroit donc pas
être ſurpriſe de l'abus qu'ils feroient de
leur pouvoir. Elle a dû même ſuppoſer
qu'ils feroient capables d'en abuſer , en
les choiſiſſant dans ſon eſpece , dans
l'eſpece humaine , dont l'erreur eſt l'appanage. Si donc elle n'a entendu con-

fier le sceptre qu'à des hommes parfaits, si elle a prétendu se réserver le droit de le retirer des mains de celui qui ne s'en serviroit pas à son avantage, il faut convenir qu'elle avoit perdu le jugement, quand elle s'est démise de son autorité en faveur d'un seul. Elle devoit sentir qu'en se résolvant à ne pas souffrir l'exercice d'un pouvoir abusif, elle s'engageoit à être toujours en guerre, & à se détruire entiérement, en armant une partie de l'Etat contre l'autre. Il est nécessaire que celui qui est chargé de pourvoir au bonheur de la Nation, n'ait de compte à rendre qu'à Dieu. S'il en devoit à son peuple, il n'y auroit ni ordre, ni paix, ni consistance dans le Gouvernement. Les différentes classes du Royaume, se disputeroient le droit d'exiger & de recevoir les raisons du Prince. Les intérêts divers qui les agitent, les empêcheroient de convenir des principes d'une bonne administration. Ainsi la Nation elle-même qui prétendroit à la souveraineté, ne seroit qu'un être chimérique, incapable de fixer les loix, plus incapable encore de faire exécuter celles qui seroient établies. C'est allumer le feu dans sa Patrie, que de vouloir en rendre les Rois compta-
bles

bles à leurs sujets ; que de lui rappeller sans cesse le prétendu contrat passé entr'elle & le Monarque , & l'autoriser à en presser l'exécution. Ce contrat n'a jamais été que le consentement des Peuples , auquel Dieu a attaché le droit de commander d'une part , & la nécessité d'obéir de l'autre. Il est donc clair que cette autorité souveraine offerte & acceptée , le Prince ne doit de compte qu'à Dieu , à moins qu'elle n'ait été limitée par la condition expresse de ne rien entreprendre que de l'avis de son Conseil. L'abus du pouvoir dans le Monarque , ne dissout point le contrat social. On doit supporter les mauvais regnes, dit Tacite, comme l'on supporte les années de stérilité. Jamais un Etat ne reprendra la liberté dont on le flatte. Il deviendra le théatre sanglant des guerres civiles. L'anarchie , plus redoutable que le despotisme , mettra par-tout une horrible confusion , & l'on sera à la fin obligé de retourner au joug que l'on aura eu la témérité de rejetter. M. Hobbes , touché des malheurs de sa Patrie , dans les dissentions qui la déchirerent après la mort de Charles I , fit valoir avec tant de chaleur l'indépendance des Souverains , que les défen-

H

ſeurs du deſpotiſme n'ont jamais rien dit de plus , en faveur du pouvoir ab-ſolu. La Philoſophie de S. Paul , qui doit être celle de tout bon citoyen , éloigne l'idée de toutes ces queſtions vaines & dangereuſes , en preſcrivant à tous l'eſprit de ſoumiſſion envers les Supérieurs légitimes , dans les cas mê-mes où leur adminiſtration ſeroit à char-ge aux Peuples. *Omnis anima poteſtati-bus ſublimioribus ſubdita ſit. Non eſt enim poteſtas niſi à Deo : quæ autem ſunt à Deo ordinatæ ſunt. Itaque qui reſiſtit po-teſtati , Dei ordinationi reſiſtit. . . . Ideò ne-ceſſitate ſubditi eſtote , non ſolùm propter iram , ſed etiàm propter conſcientiam.* Rom. 13.

FIN.

E R R A T A.

PAge 12. critique, partial *lisez*, critique partial.

Ibid. aux Sages, dignes peut-être *lisez*, aux Sages. Digne peut-être.

Pag. 14. qui lui reprochent ses défauts l'en ont-ils convaincu *lisez*, reprochent ces défauts, l'en ont-ils convaincue?

Pag. 22. ils défigurent ces attributs *lisez*, ses attributs.

Pag. 31. cette collection est harmonie, *lisez*, harmonique.

Pag. 35. Diaforins, *lisez*, Diaforius.

Pag. 75. C'est par ces principes, *lisez*, ses principes.

Pag. 113. un jugement saint *lisez*, un jugement sain.

Pag. 115. enseigne de son innocence *lisez*, en signe.

Pag. 135. ce peuple de Chrétiens *lisez*, se peuple.

TABLE

Des Matieres du III°. Volume.

Fin de la Table.